胡元玲 著

張載易學與道學：

以《橫渠易說》及《正蒙》為主之探討

臺灣學生書局印行

張載易學與道學
——以《橫渠易說》及《正蒙》為主之探討

目　　錄

第一章　張載概述

　　張載是宋代道學❶的開創者之一，其道學乃源自於其經學，尤其是易學。本書以張載易學及道學為研究主題，並試圖展示其從易學至道學的發展理路。首先，對張載生平、學術大要等作一概述，以知人論世，並檢討張載研究的現況。

第一節　生　平

　　張載，字子厚，陝西鳳翔郿縣橫渠鎮人，學者稱橫渠先生。生於宋真宗天禧四年（西元 1020 年），卒於宋神宗熙寧十年（1077）。張載是宋明道學史上的重要人物，後世尊為北宋五子之一，其關學列於濂洛關閩四學派之一。張載的道學思想如「形而後有氣質之性，善返之則天地之性存焉」❷、「心統性情」❸等觀念為朱熹所承續，對後世道學有深遠的影響。張載的代表著作《正蒙》，簡奧精深，為學者所推崇。尤其《西銘》❹一文，因備受程朱贊譽而流

---

❶　　道學，又稱理學。有關其名稱問題，見本書第四章。

❷　　《張載集》，《正蒙·誠明篇第六》，北京，中華書局點校本，1978 年。

❸　　《張載集》，《拾遺·性理拾遺》。

❹　　《西銘》一文，於各本《張子全書》皆列於第一卷之首，中華書局點校《張載集》，將其歸於《正蒙·乾稱篇第十七》。

佈廣泛，長期為後世學者所誦習。

張載少時即有大志，為學無所不習。少豪其才，喜談兵，嘗欲結客取洮西之地，以功名自許。二十一歲❺時，以書謁范仲淹，知其為遠器，范仲淹以「儒者自有名教，何事於兵」❻之言責於張載，並勸讀《中庸》。張載雖遵循范仲淹之教，但仍感到不足，又「訪諸釋老，累年究極其說，知無所得，反而求之六經」❼。可見其為學轉折，尤其出入佛老而後反求六經，更是許多道學家的共同歷程。

張載於嘉祐二年（1057）登進士第，時年三十七歲，歷任祁州司法參軍、丹州雲巖縣令、著作佐郎等❽。熙寧二年（1069），神宗欲一新百度，思得才哲之士，御史中丞呂公著薦張載「修身講

---

❺ 此處按呂大臨《橫渠先生行狀》所記為「年十八」，而《宋史・張載傳》為「年二十一」，二者有所出入，然據武澄《張子年譜》考證，應以二十一歲為當。武澄曰：「《行狀》云，當康定用兵時，先生年十八，慨然以功名自許，上書謁范文正公。又云，先生卒於熙寧十年，享年五十有八。考熙寧十年距康定元年，共三十七年，則當康定時先生乃二十一歲，而《行狀》云年十八，則不當在康定時，在康定時則不當云年十八，自相矛盾，其失不辯而明。至《綱目》又以謁范文正公，時年二十，亦誤。惟《宋史・道學傳》以為年二十一時適當康定元年，證之《綱目》，是年夏范文正公始為陝西招討副使，兼知延州，極為有據。若年十八則為景祐四年，年二十則為寶元二年，彼時范文正公尚貶知饒州、越州，先生何由而以兵策謁之乎？」見《張子年譜》，《北京圖書館藏珍本年譜叢刊》本。

❻ 《張載集》，《橫渠先生行狀》。

❼ 《橫渠先生行狀》。

❽ 參見《橫渠先生行狀》。

學，為關右士人師表，且深知邊境利害」❾。神宗即命召，問以治道，張載對曰：「為政不法三代者，終苟道也。」❿神宗悅，命為崇文院校書。然張載與王安石語多不合，乃辭崇文院校書，復命案獄浙東，劾明州苗振事。張載之案獄浙東，呂公著與程顥等皆反對，言賢者不能使之治獄。但此事終採王安石之見，而不為神宗所許。完成任務之後，張載返回京城，但此時其弟張戩以言被黜，張載頗感不安，於是謁告西歸，居於橫渠故居。

從熙寧三年（1070）返故里，直到熙寧十年（1077）再度奉詔入朝，張載在橫渠過著耕讀的生活，雖則「橫渠至僻陋，有田數百畝以供歲計，約而能足，人不堪其憂，而先生處之益安」⓫，蔽衣蔬食，安貧樂道。這段期間也是張載學思最為精進，思想最有創獲的時候，他「終日危坐一室，左右簡編，俯而讀，仰而思，有得則識之，或中夜起坐，取燭以書。其志道精思，未始須臾息，亦未嘗須臾忘也」⓬。熙寧九年（1076）秋，張載「感異夢，忽以書屬門人，乃集所立言，謂之『正蒙』。出示門人曰：此書予歷年致思之所得，其言殆於前聖合與。大要發端示人而已，其觸類廣之，則吾將有待於學者，正如老木之株，枝別固多，所少者潤澤華葉爾。」⓭《正蒙》是張載的代表作，也是其平生最後一部著作，但並非完全成於張載之手，而是由弟子蘇昞所編，乃「會歸義例，略效《論

---

❾　《橫渠先生行狀》。
❿　朱熹《三朝名臣言行錄》卷 8，《四部叢刊初編》本。
⓫　《橫渠先生行狀》。
⓬　《橫渠先生行狀》。
⓭　《橫渠先生行狀》。

語》、《孟子》，篇次章句，以類相從，為十七篇」⓮，即《正蒙》的篇章次序為蘇昞所訂定。「正蒙」二字亦有深意，朱熹注解《正蒙》說：「蒙者，蒙昧未明之謂；正者，訂正之也。」⓯王夫之《張子正蒙注・序論》亦曰：「謂之正蒙者，養蒙以聖功之正也。」⓰道學的興起，本是對佛道兩家在理論上的抗衡，故所謂「蒙」者，乃指信守佛道二家之言者，此從范育所作《正蒙序》中可以得見：「自孔孟歿，學絕道喪千有餘年。處士橫議，異端間作，若浮圖、老子之書，天下共傳，與《六經》並行。而其徒侈其說，以為大道精微之理，儒家之所不能談，必取吾書為正。」⓱而所謂「大道精微之理」，也正是道學不同於以往儒學之處，在於更深刻地加強了對夫子所罕言的天道性命的理論探索，以與佛、道二家對抗。故王夫之贊曰：「立天，立地，立人，反經研機，精義存神，以綱維三才，貞生而安死，則往聖之傳，非張子其孰與歸。」⓲

　　熙寧十年（1077），呂大防於京師薦張載「善法聖人之遺意，其術略可措之以復古，乞召還舊職，訪以治體」⓳，神宗乃詔知太常禮院。張載「不敢以疾辭，庶幾有遇焉」⓴，往赴。然與禮官議禮不合，引疾歸，於趕路歸家途中去世。門人從長安奔喪，奉柩歸

⓮　《張載集》，《正蒙・蘇昞序》。

⓯　見《張子全書》卷2，《四部備要》本。

⓰　王夫之《張子正蒙注》，北京，中華書局，1975年。

⓱　《張載集》，《正蒙・范育序》。

⓲　《張子正蒙注・序論》。

⓳　《橫渠先生行狀》。

⓴　《橫渠先生行狀》。

殯一用古禮，以終先生之志。門人欲諡為「明誠夫子」，質於程顥，程顥又訪於司馬光，司馬光以為不可，認為「關中諸君欲諡子厚而不合於古禮，非子厚之志」❷，後定諡「獻」。南宋嘉定十三年（1220），賜諡曰明公。淳祐元年（1241），封郿伯，從祀孔廟。

　　據書目考察，張載著作總計十七種，現存有《橫渠易說》、《經學理窟》、《正蒙》、《西銘》、《張子語錄》、《張橫渠先生文集》與《張子全書》。已佚或不詳的有《詩說》、《橫渠張氏祭禮》、《禮記說》、《橫渠春秋說》、《橫渠孟子解》、《信聞記》、《張橫渠注尉繚子》、《張橫渠崇文集》、《雜述》與《張載集》。1978 年北京中華書局出版的《張載集》點校本，是在《張子全書》的基礎上進行補充與校勘，為現今張載著作最完整的本子。有關張載著作及其版本，見附錄一。

　　張載氣質剛毅，望之儼然，然與人居久而日親。居恆以天下為念，路上見餓殍，輒咨嗟對案不食者終日。治家接物，「大要正己以感人，人未之信，反躬自治，不以語人，雖有未喻，安行而無悔，故識與不識，聞風而畏，非其義也，不敢以一毫及之」❷。教化家人，使「其家童子，必使灑掃應對，給侍長者；女子之未嫁者，必使親祭祀，納酒漿，皆所以養孫弟，就成德」❷。張載有名言曰：「為天地立心，為生民立道，為去聖繼絕學，為萬世開太

---

❷　《司馬光論諡書》，現收入《張載集》。
❷　《橫渠先生行狀》。
❷　《橫渠先生行狀》。

平。」❷其自任如此。

張載的學術交游，以北宋著名道學家邵雍及程顥、程頤兄弟最為可道。邵雍，字堯夫，河南人，學者稱康節先生。居蘇門山百源之上，布衣蔬食，刻苦自勵者有年。後遊歷四方，時李之才聞其好學，嘗造其廬，授以先天象數之學，邵雍探賾索隱，妙悟神契，多所自得。長居洛陽四十年，安貧樂道，與富弼、司馬光、呂公著、二程等多所往來。關於邵雍與張載的交情，張載有《詩上堯夫先生兼寄伯淳正叔》贈予邵雍，其詩曰：「先生高臥洛城中，洛邑簪纓幸所同。顧我七年清渭上，並遊無侶又春風。病肺支離恰十春，病深樽俎久埃塵。人憐舊病新年減，不道新添別病深。」邵雍並有詩和曰：「秦甸山河半域中，精英孕育古今同。古來賢傑知多少，何代無人振素風。」❷熙寧十年（1077）春，張載復召還館，同知太常禮院，至京師途中過洛陽見邵雍，時邵雍已病篤，張載「知醫，亦喜談命，診康節脈，曰，先生之疾無慮，又曰，頗信命否？康節曰，天命某自知之，世俗所謂命，某不知也。子厚曰，先生知天命矣，尚何言」❷。數月之後，張載在太常禮院與禮官議禮不合，引疾而歸，又過洛陽，此時邵雍已逝，是年冬張載亦亡。此為張載與邵雍往來之事，道學家之旨亦可從中窺得一二。

---

❷ 此句原見於朱熹所編《近思錄》，乃採自《橫渠文集》，今收入《張載集》，《近思錄拾遺》。但《宋元學案》記此句為：「為天地立心，為生民立命，為往聖繼絕學，為萬世開太平。」與前者略有出入。《宋元學案》，北京，中華書局，1986年。

❷ 二詩本見於邵雍《伊川擊壤集》，現收入《張載集》。

❷ 邵伯溫《河南邵氏聞見前錄》卷15，《叢書集成新編》本。

　　程顥、程頤也同邵雍一樣長居洛陽，故程氏兄弟之學有所謂洛學之稱。程顥，字伯淳，河南人，學者稱明道先生。程頤，字正叔，學者稱伊川先生，為程顥之弟。二程少年時嘗從周敦頤論學，每令尋孔顏樂處，遂厭科舉之習，慨然有求道之志，後泛濫諸家，出入佛老幾十年，返求《六經》而後得之。張載長二程十二、三歲，是二程的表叔，二程的祖母張氏即為張載之姑。道學史上有張載之學出於二程之說❷，然此事為程頤所否認❷。二程相當推崇張載的人品與學識，說他「高才，其學更先從雜博中過來」❷，即對於張載泛濫兵家佛老而後反歸六經的肯定。二程並相當稱許張載對推行禮教的努力，認為「子厚以禮教學者，最善使學者先有所據守」❸。然二程於張載仍不免有批評，認為張載過於謹嚴迫切❸。

---

❷ 如程門弟子游酢說：「（明道）先生生而有妙質，聞道甚早。年逾冠，明誠夫子張子厚友而師之……既而得聞先生論議，乃歸謝其徒，盡棄其舊學，以從事於道。其視先生雖外兄弟之子，而虛心求益之意，懇懇如不及。」見《二程全書》，《河南程氏遺書》附錄，《書行狀後》，《四部備要》本。楊時也說：「橫渠之學，其源出於程氏，而關中諸生尊其書，欲自為一家。」見《楊龜山集》卷 5，《跋橫渠先生書及康節先生人貴有精神詩》，《叢書集成新編》本。

❷ 在呂大臨所作張載行狀中，有張載見二程「於是盡棄其學而學焉」之語，程頤知道後說：「表叔平生議論，謂頤兄弟有同處則可，若謂學於頤兄弟，則無是事。」並吩附呂大臨將行狀刪改為「於是盡棄異學，淳如也」，即今本所見。見《二程全書》，《外書》卷 11。

❷ 《河南程氏遺書》卷 2。

❸ 《河南程氏遺書》卷 2。

❸ 如程頤說：「子厚謹嚴，纔謹嚴，便有迫切氣象，無寬舒之氣。孟子卻寬舒，只是中間有些英氣，纔有英氣便有圭角，英氣甚害事，如顏子便渾然不同，顏子去聖人只毫髮之間。」見《河南程氏遺書》卷 18。

張載著作中，二程最推尊《西銘》。《西銘》本作《訂頑》，由程
頤改為《西銘》❸。程顥說：「《西銘》某得此意，只是須得他子
厚有如此筆力，他人無緣做得，孟子以後未有人及此。」❸❸程頤以
《西銘》為「橫渠文之粹者也」❸❹，並贊說：「橫渠道儘高，言儘
醇，自孟子後儒者都無他見識。」❸❺皆視《西銘》為孟子以後儒者
所未道，評價極高。二程與弟子間亦不時討論此文，可以說《西
銘》幾等同於程門中的教本❸❻。嘉祐初年張載至京城，《宋史》
載：「嘗坐虎皮講易京師，聽從者甚眾。一夕，二程至，與論易，
次日語人曰，比見二程深明易道，吾所弗及，汝輩可師之。撤坐輟
講。與二程語道學之要，渙然自信曰，吾道自足，何事旁求。於是
盡棄異學，淳如也。」❸❼但此撤坐輟講之事卻不見於呂大臨《行
狀》，有可能是為長者諱，也有可能只是二程弟子為崇其門派而誇
大其事。熙寧十年❸❽（1077），張載被召還館，同知太常禮院，與
禮官議禮不合，引疾而歸，過洛陽，與二程議論，話題涉及井田、
政治、朝中人事、禮法及道學。張載去世後，程顥有詩《哭張子厚
先生》：「歎息斯文約共修，如何夫子便長休；山東無復蒼生望，

---

❸❷　「橫渠學堂雙牖，右書訂頑，左書砭愚。伊川曰，是起爭端。改之曰東銘
　　西銘。」見《外書》卷 11。
❸❸　《河南程氏遺書》卷 2。
❸❹　《河南程氏遺書》卷 18。
❸❺　《河南程氏遺書》卷 18。
❸❻　如程顥說：「得此文字，省多少言語，且教他人讀書，要之仁孝之理備於
　　此，須臾而不於此，則便不仁不孝也。」《河南程氏遺書》卷 2。
❸❼　《宋史·列傳一百八十六》卷 427，中華書局本。
❸❽　《張子年譜》。

西土誰共後學求。千古聲名聯棣萼，二年零落去山丘；寢門慟哭知何限，豈獨交親念舊游。」❸⑨

　　張載為官之餘，曾講學於武功縣綠野亭及家鄉鄠縣❹⓪。張載多以德教人，「聞人之善，喜見顏色」❹①；「其所至必訪人才，有可語者，必丁寧以誨之，惟恐其成就之晚」❹②。對學生諄諄訓誨，「答問學者，雖多不倦，有不能者，未嘗不開其端」❹③，對學生「多告以知禮成性變化氣質之道，學必如聖人而後已，聞者莫不動心有進。又以為教之必能養之然後信，故雖貧不能自給，苟門人之無貲者，雖糲蔬亦共之」❹④。張載的主要弟子有十三人，由於名聲不顯而較不為後世所知。這十三名弟子是：呂大忠、呂大鈞、呂大臨、蘇昞、范育、游師雄、种師道、潘拯、李復、田腴、邵清、張舜民及薛昌朝。

　　陝西藍田呂氏兄弟共四人，其中三人呂大忠、呂大鈞、呂大臨從張載學，張載去世後於元豐二年（1079）往師二程。呂大忠，字晉伯，皇祐進士，歷知代州。紹聖二年（1095），加寶文閣直學士，知渭州，與章惇等議不合，徙知同州。著有《輞川集》五卷、《奏議》十卷。呂大忠性情剛毅質直，勇於有為，張載稱其「篤實

---

❸⑨　　《二程全書》，《明道文集》卷 1。
❹⓪　　參見《張子年譜》。
❹①　　《橫渠先生行狀》。
❹②　　《橫渠先生行狀》。
❹③　　《橫渠先生行狀》。
❹④　　《橫渠先生行狀》。

而有光輝」**⑮**，與弟大防、大鈞論道考禮，訂有《鄉約》，「冠昏喪祭一本於古，關中言禮學者推呂氏」**⑯**。

呂大鈞，字和叔，學者稱京兆先生。嘉祐二年（1057）進士，授秦州司理，改知三原縣，後移巴西、侯官等地，以父老不赴。父喪，以道未明，學未優，不復仕進。元豐五年（1082）卒。著有《四書註》、《誠德集》。呂大鈞為人剛直，少時博學多聞，一日聞張載之說，悅而好之，因而一改往志，由博反約，並對張載執弟子禮。常言：「始學，行其所知而已。道德性命之際，躬行久則自至焉。」**⑰**《宋史》稱他「從張載學，能守其師說而踐履之。居父喪，衰麻葬祭，一本於禮。後乃行於冠昏、膳飲、慶弔之間，節文粲然可觀，關中化之。尤喜講明井田兵制，謂治道必自此始，悉撰次為圖籍，可見於用。雖節本於載，而能自信力行，載每歎其勇為不可及」**⑱**。真德秀贊他：「和叔為人質厚剛正，以聖門事業為己任。所知信而力可及，則身遂行之，不復疑畏，故識者方之季路。」**⑲**

呂大臨，字與叔，元祐中為太學博士，遷秘書省正字。范祖禹以其修身好學，行如古人，薦為講官，未及用而卒，年四十七。呂大臨為張載弟張戩之婿。張載去世後學於程頤，與謝良佐、游酢、楊時在程門號為「四先生」。呂大臨在程門，仍守張載師說，程頤

---

⑮　《宋元學案·呂范諸儒學案》卷 31。

⑯　《宋史·列傳九十九》卷 340。

⑰　《呂范諸儒學案》。

⑱　《宋史·列傳九十九》。

⑲　《呂范諸儒學案》。

曾說：「與叔守橫渠說甚固，每橫渠無說處皆相從，才有說了，更不肯回。」❺通《六經》，尤深於禮，「每欲綴習三代遺文舊制，令可行，不為空言以拂世駭俗」❺。朱熹曾稱歎呂大臨說：「與叔惜乎壽不永，如天假之年，必所見又別。程子稱其深潛縝密，資質好，又能涵養。」❺撰有《橫渠先生行狀》、《易章句》、《禮記解》、《論語解》、《孟子解》、《中庸解》、《藍田儀禮說》、《藍田禮記說》、《藍田語要》、《考古圖》、《玉溪集》等❺。

蘇昞，字季明，京兆武功人，世稱武功先生。元祐末呂大忠薦之，自布衣召為太常博士。坐元符上書入黨籍，編管饒州卒。熙寧九年（1076），張載過洛陽，與二程論學，蘇昞錄張程先生語，題曰「洛陽議論」，後收入於《二程全書》。蘇昞學於張載最久，張載去世後從學二程。張載《正蒙》的篇次章句即為蘇昞所編訂。

范育，字巽之，邠州三水人。舉進士，為涇令。以養親謁歸，從張載學。薦授崇文校書，監察御史裏行，奏請神宗用《大學》誠意正心治天下，因薦張載等人。坐劾李定親喪匿服，罷御史，知韓城縣，後知河中府。元祐中召為太常少卿，終戶部侍郎卒。高宗紹興中，採其抗論棄地及進築之策，贈寶文閣學士。范育撰有《正蒙序》。

游師雄，字景叔，京兆武功人。學於張載。治平二年（1065）

---

❺　《呂范諸儒學案》。

❺　《宋史·列傳九十九》。

❺　《呂范諸儒學案》。

❺　今人陳俊民輯有呂氏兄弟著作，編為《藍田呂氏遺著輯校》，北京，中華書局，1993 年。

進士,為儀州司戶參軍,遷德順軍判官,累遷直龍圖閣,知秦州,徙知陝州。紹聖四年(1097)卒,年六十。游師雄慷慨豪邁,其學「以經世安攘為主,非瑣瑣章句,矇矇其精神,以自列於儒者之比也。故其志氣豪邁,於事功多所建立,議者以用不盡其材為恨」❺❹。著有《分疆語錄》二卷、《文集》十卷、《奏議》二十卷。

种師道,字彝叔,洛陽人。少從張載學。累官京畿河北制置使,知兵有謀。靖康中金人南下,种師道援兵,至闕入對,為戰守之計,人心以安。以其年歲高,天下稱之為老种,然其言不能盡用。靖康元年(1126)卒,年七十六。諡號忠憲。

潘拯,字康仲,關中人。師事張載,並嘗問學於二程。

李復,字履中,長安人,學者稱潏水先生。師張載。元豐二年(1079)進士,累官中大夫、集賢殿修撰。久居兵間,嫻習戎事,所上奏議多能深中時弊。於書無所不讀,亦工詩。金人犯關中,李復雖已老且病,高宗仍以舊德強起之,知秦州,空城無兵,卒死於賊。著有《潏水集》十六卷,《四庫提要》稱此書「考證今古,貫穿博洽,於易象、算術、五行、律呂之學,無不剖晰精微,具有本末」❺❺。

田腴,字誠伯,安丘人,後徙河南。從張載學,而與虔州宿儒李潛善。建中靖國間,以曾肇薦,除太學正,崇寧初罷去。每三年治一經,學問通貫,當時無及之者。尤不喜佛學,力詆輪迴之說。

---

❺❹　《呂范諸儒學案》。

❺❺　《四庫全書總目》卷 155,北京,中華書局,1995 年。

嘗推崇張載曰：「近世學者無如橫渠先生。」❺❻

　　邵清，字彥明，古田人。元祐間為太學生，為十奇士之一。後從張載學易，遂不復出。有故人任河南尹，召之，曰：「子以富貴驕我邪？」❺❼卒不往。築室先塋之側，聚書千卷，敝徉其間，鄉黨敬之，不敢以名字稱，以其嘗應八行舉，呼為八行先生。

　　張舜民，字芸叟，自號浮休居士，邠州人。治平二年（1065）進士，為襄陽令。元祐初，司馬光舉其才氣秀異，剛直敢言，召為監察御史，累擢史部侍郎。崇寧初坐元祐黨，商州安置。張舜民慷慨喜論事，嗜畫，題評精確。為文豪邁有理致，尤長於詩。張載去世後十五年，張舜民為之乞贈於朝，其言曰：「著書萬言，名為《正蒙》，陰陽變化之端，仁義道德之理，死生性命之分，治亂國家之經，罔不究通。方之前人，其孟軻、揚雄之流乎？如荀況輩，不足望於載也。關中學者，靡然就之，謂之橫渠先生。一登其門，言行皆知孝悌仁義，有如夙成，雖去載千里之遠，十年之久，不敢一蹈非義，常若載之臨其左右前後也。自此西土學者灑然知先聖賢之學。」❺❽著有《畫墁集》一百卷。

　　薛昌朝，字景庸，張載門人。嘗為御史，論新法。陳襄薦之於朝，稱其才質俱美，持法端正，可置臺閣。

　　綜觀張載弟子，多為氣質剛強之人，且多武將，所謂關中自古多豪傑，或不無道理。而張載「少時自喜其才，謂提騎卒數萬，可

---

❺❻　《呂范諸儒學案》。

❺❼　《呂范諸儒學案》。

❺❽　張舜民《上哲宗乞追贈張載》，收入於宋趙汝愚所編《宋朝諸臣奏議》卷95，上海古籍出版社，1999年。

橫行匈奴，視判羌為易與耳，故從之游者，多能道邊事」❺❾，亦是
其因。

第二節　學術大要

總括張載學術，可分為三個方面。

其一，為易學。張載的學術本源為易學，《宋史》稱他「嘗坐
虎皮講易京師，聽從者甚眾」❻⓿，雖未必可靠，但或能反映張載的
易學造詣著稱於時。張載著有《橫渠易說》一部，今存，是研討張
載易學的重要著作。有關張載易學，見本書第三章。

其二，為禮學。司馬光曾說：「竊惟子厚平生用心，欲率今士
之人，復三代之禮者也。」❻❶確實點出張載用心所在。張載對禮頗
有研究，在具體事項上，主張復井田、行封建、行宗法、復古禮
等。

施行井田是北宋不少學者的主張❻❷，並非張載所獨具，如李覯
❻❸、王安石❻❹、程顥、程頤❻❺等，他們多依據《周禮》一書中對井

---

❺❾　《書行狀後》，收入於《二程全書》，《河南程氏遺書》附錄。

❻⓿　《宋史·列傳一百八十六》。

❻❶　《司馬光論諡書》，現收入《張載集》。

❻❷　參見陶希聖《北宋幾個大思想家的井田論》，載《食貨》第 2 卷第 6 期，
　　1935 年 8 月。

❻❸　如李覯說：「井田之法，生民之權衡乎。井田立則田均，田均則耕者得
　　食。」見《李覯集》卷 20，《潛書》，北京，中華書局，1981 年；李覯
　　並於《周禮致太平論·國用第四》反覆陳述井田制度之長，見《盱江集》
　　卷 6，《四庫全書》本。

田的描述而立論。張載認為井田能均貧富，他說：

> 治天下不由井地，終無由得平。⓺

又說：

> 仁政必自經界始，貧富不均，教養無法，雖欲言治，皆苟而
> 已。⓻

以施行井田為仁政之要。他並認為井田要能推行，必須賴於封建乃定，「井田而不封建，猶能養而不能教」⓼，而「所以必要封建者，天下之事，分得簡則治之精，不簡則不精，故聖人必以天下分之於人，則事無不治者」⓽。他以為井田至易行，曾與弟子共買田一方，打算試行井田，但有志未成⓾。

⓸　王安石在執政之前，是主張井田制的，如《發廩》一詩曰：「先王有經制，頒賚上所行。後世不復古，貧窮主兼併。……我嘗不忍此，願見井地平。……」李壁注：「公意欲復行井田，使貧富均，而無位以行也。按，井田之制，張子厚程氏兄弟皆有意復古，公後得志，乃都不及此。」見《箋註王荊文公詩》卷17，廣文書局影印元大德刊本。

⓹　二程與張載在洛陽議論，其中論及井田，如程顥說：「言井田，今取民田，使貧富均，則願者眾。」見《河南程氏遺書》卷10。

⓺　《張載集》，《經學理窟·周禮》。

⓻　《橫渠先生行狀》。

⓼　《經學理窟·月令統》。

⓽　《經學理窟·周禮》。

⓾　《橫渠先生行狀》。

　　對宗法或宗族譜系的關注，也並非只有張載一人，其他像是歐陽修、蘇洵、程顥、程頤等亦然[71]。宗法是以氏族血統為基礎的嫡長繼承制度，以始封者之嫡長子及其嫡長子世世繼承者為大宗，庶子之始封者及其後長子繼承者為小宗。宗法原為周代的封建制度，周天子由嫡長子所世襲繼承，為天下之大宗，其餘眾子分封為諸侯，是為小宗，但諸侯在自己國內又是為大宗，其餘諸子分封為卿大夫，下而為士人及庶人。張載認為宗法有許多功用，如他說：

> 管攝天下人心，收宗族，厚風俗，使人不忘本，須是明譜系世族與立宗子法。宗法不立，則人不知統系來處。古人亦鮮有不知來處者，宗子法廢，後世尚譜牒。譜牒又廢，人家不知來處，無百年之家，骨肉無統，雖至親，恩亦薄。[72]

此言宗法之用能厚風俗，使人能知自己來處，不忘本，如此而能管攝人心。張載又說：

---

[71]　如歐陽修與蘇洵皆曾修族譜，又如程顥說：「宗子法壞，則人不知來處，以至流轉四方，往往親未絕不相識。」程頤也說：「立宗子法亦是天理，譬如木必從根直上一幹，亦必有旁枝，又如水雖遠必有正源，亦必有分派處，自然之勢也。」分別見《河南程氏遺書》卷 15 及卷 18。參見 Patricia B. Ebrey "Conceptions of the Family in the Sung Dynasty." *Journal of Asian Studies* 43, 1984, pp. 219-245. 及 "The Early Stages in the Development of Descent Group Organization." in *Kinship Organization in Late Imperial China, 1000-1940*, ed. Patricia B. Ebrey and James L. Watson, pp. 16-61. Berkeley: University of California Press, 1986.

[72]　《經學理窟·宗法》。

宗子之法不立，則朝廷無世臣。且如公卿一日崛起於貧賤之
中以至公相，宗法不立，既死遂族散，其家不傳。宗法若
立，則人人各知來處，朝廷大有所益。或問，朝廷何所益？
公卿各保其家，忠義豈有不立？忠義既立，朝廷之本豈有不
固？今驟得富貴者，止能為三四十年之計，造宅一區及其所
有，既死則眾子分裂，未幾蕩盡，則家遂不存，如此則家且
不能保，又安能保國家。**⓸**

認為宗法具有穩定社會，保家保國的作用。

　　張載既重視宗法，對於維繫宗法的祭禮亦相當重視。在宗法制
度下，只有宗子才能祭祖，「祭者必是正統相承，然後祭禮正，有
所統屬」**⓹**，然「今既宗法不正，則無緣得祭祀正，故且須參酌古
今，順人情而為之」**⓺**。張載常感慨當時的祭禮去古已遠，他說：

古人因祭祀大事，飲食禮樂以會賓客親族，重專殺必因重
事。今人之祭，但致其事生之禮，陳其數而已，其於接鬼神
之道則未也。祭祀之禮，所總者博，其理甚深，今人所知
者，其數猶不足，又安能達聖人致祭之義。**⓻**

張載對祭祀之禮的諸多細節有所討論，見於《經學理窟·祭祀》。

⓸　《經學理窟·宗法》。
⓹　《經學理窟·祭祀》。
⓺　《經學理窟·祭祀》。
⓻　《經學理窟·祭祀》。

　　至於喪葬禮，由於受佛道二教興盛的影響，北宋的喪葬之禮❼❼
已與古禮有很大的差異，如佛教的七七法事、陳設音樂及火葬❼❽
等，皆普遍施行於民間❼❾，而引發不少士大夫的批評。其中佛教法
事尤為反佛儒者所批評，如賈同《禁焚死》曰：「今之多焚其死
者……惡不容於誅矣……根其由，益始自桑門之教，西域之胡俗
也……如之何使夷俗之法，敗先王之禮經耶？教天下以不仁耶？請
禁。」❽⓪程頤亦言：「某家治喪不用浮屠……釋氏道場之用螺鈸，
蓋胡人之樂也。今用之死者之側，是以其樂臨死者也。天筑之人重
僧，見僧必飯，因使作樂於前。今乃以為之於死者之前，至如慶
禱，亦雜用之，是甚義理。如此事被他欺護，千百年無一人理會

---

❼❼　關於北宋喪葬之禮，可參考 Patricia B. Ebrey "Cremation in Sung China."
　　American Historical Review 95, 1990, pp. 406-428. 及 "The Response of the
　　Sung State to Popular Funeral Practices." in *Religion and Society in Tang and
　　Sung China*, ed. Patricia B. Ebrey and Peter N. Gregory, pp. 209-239. Honolulu:
　　University of Hawaii Press, 1993.

❼❽　司馬光曾描述受佛教影響的喪葬禮，說：「世俗信浮屠誑誘，於始死及七
　　七日，百日，期年，再期，除喪，飯僧，設道場，或作水陸大會，寫經造
　　像，修建塔廟，云為此者滅彌天罪惡，必生天堂，受種種快樂，不為者必
　　入地獄，剉燒舂磨，受無邊波吒之苦。」見《司馬氏書儀》卷 5，《叢書
　　集成新編》本。

❼❾　如蔡襄於治平元年上《國論要目十二事疏》曰：「冠禮今不復議，昏禮無
　　復有古之遺文，而喪禮盡用釋氏。」見《全宋文》卷 1003，曾棗莊、劉
　　琳主編，四川大學古籍整理研究所編，巴蜀書社，1992 年。又如洪邁
　　《容齋隨筆‧民俗火葬》曰：「自釋氏火化之說起，於是死而焚屍者，所
　　在皆然。」，上海古籍出版社，1993 年。

❽⓪　見宋祝穆所編《古今事文類聚前集》卷 56，《四庫全書》本。

者。」❽火葬之事並在朝中引起議論，朝廷以是頒行法令禁止火葬
❽。北宋儒者如此重禮，主要因素是為對抗佛教，如歐陽修在《本
論》中所宣說：「禮義者，勝佛之本也。」❽又如李覯《答黃著作
書》說：「如使周禮尚行，朝夕、朔月、月半、薦新、啟祖、遣、
有奠，虞、卒哭、祔，小祥、大祥、禫、有祭，日月時歲，皆有禮
以行之，哀情有所洩，則漢傑必不暇曰七七，曰百日，曰周年，曰
三年齋也。」❽張載重禮亦是為此。張載茲茲於復行古禮，所行喪
葬之法皆依循古禮，《行狀》稱：「近世喪祭無法，喪惟致隆三
年，自期以下，未始有衰麻之變；祭先之禮，一用流俗節序，燕褻
不嚴。先生繼遭期功之喪，始治喪服，輕重如禮；家祭始行四時之
薦，曲盡誠潔。聞者始或疑笑，終乃信而從之，一變從古者甚眾，
皆先生倡之。」❽張載對喪葬禮的討論，主要見於《經學理窟‧喪
紀》。

　　其三，為道學。張載學術是以易學為起點，以道學為終點。可

---

❽　《河南程氏遺書》卷 10。

❽　如宋太祖建隆三年《禁火葬詔》曰：「王者設棺槨之品，建封樹之制，所
　　以厚人倫而一風化也。近代以來，遵用夷法，率多火葬，甚愆典禮，自今
　　宜禁之。」見《全宋文》卷 2。又開寶三年，詔開封府「禁喪葬之家不得
　　用道釋威儀及裝束異色人物前引」，九年，詔曰：「訪聞喪葬之家，有舉
　　樂及令章者……甚傷風教，實紊人倫。今後有犯此者，並以不孝論，預坐
　　人等第科斷。所在官吏，常加覺察，如不用心，並當連坐。」紹興二十七
　　年，從監登聞鼓院范同奏曰：「方今火葬之慘，日益熾甚，事關風化，理
　　宜禁止。」見《宋史‧志七十八》卷 125。

❽　見《全宋文》卷 730。

❽　《盱江集》卷 28，《答黃著作書》。

❽　《橫渠先生行狀》。

以說，張載易學及禮學帶有經學色彩，而張載道學則是從其經學而來的，所謂「出入乎《語》、《孟》、《六經》」⑧⑥。尤其易學在張載道學中更具有重要地位，如王夫之說：「張子之學，無非《易》也。」⑧⑦其實，不僅是張載，其他道學家的道學思想也多來自於經書，且往往是通過對經書的注解闡釋而傳達其道學思想的。熊十力曾說：「有釋經之儒，以注解經書為業，如治訓詁名物等等者是。……有宗經之儒，雖宗依經旨，而實自有創發，自成一家之學。」⑧⑧按熊十力講法，道學家即是宗經之儒，要從經書中發明新義，如葉適所言：「（道學家）於子思孟子之新說奇論，特皆發明之，大抵欲抑浮屠之鋒銳，而示吾所有之道若此。」⑧⑨從經學而來這一點，是以往道學研究所較為疏忽之處，以至於研究成果有相當局限性。有鑑於此，本書即從張載易學入手，試圖探究其從易學至道學的理路發展。探討張載的道學，應以《正蒙》一書為主，並兼及其他著作如《橫渠易說》、《經學理窟》、《張子語錄》等，以為輔助。有關張載道學，見本書第四章、第五章。

第三節　研究現況及本書研究方法

　　儘管張載在中國學術史上占有一席之位，但現今對張載學術的研究成果並不是很豐富，在內容與方法上也不夠多樣化。以下試為

---

⑧⑥　劉璣《正蒙會稿序》，今收入於《張載集》。

⑧⑦　《張子正蒙注·序論》。

⑧⑧　熊十力《讀經示要》頁 435，臺北，明文書局，1987 年。

⑧⑨　葉適《習學記言序目》卷 49，《四庫全書》本。

論述。

　　有關張載研究的專書有十部，分別是張岱年《張載——十一世紀中國唯物主義哲學家》❾⓿，姜國柱《張載的哲學思想》❾❶及《張載關學》❾❷、陳俊民《張載哲學思想及關學學派》❾❸、黃秀璣《張載》❾❹、程宜山《張載哲學的系統分析》❾❺、朱建民《張載思想研究》❾❻、龔杰《張載評傳》❾❼、丁為祥《虛氣相即——張載哲學體系及其定位》❾❽，以及英文寫作的卡索夫《張載的思想（1020-1077）》❾❾。張岱年《張載——十一世紀中國唯物主義哲學家》認為，張載是理學開創時期唯物主義的代表，此書以論述張載氣化宇宙論為主。姜國柱《張載的哲學思想》，較為全面地探討張載學術，分為宇宙觀、認識論、辯證法、人性論、政治思想、關學與洛學、影響等。至於《張載關學》，亦為姜國柱所撰，是在《張載的哲學思想》一書的基礎上重新撰寫，增加有張載的教育思想及濂洛

---

❾⓿　張岱年《張載——十一世紀中國唯物主義哲學家》，湖北人民出版社，1956 年。

❾❶　姜國柱《張載的哲學思想》，遼寧人民出版社，1982 年。

❾❷　姜國柱《張載關學》，陝西人民出版社，2001 年。

❾❸　陳俊民《張載哲學思想及關學學派》，北京人民出版社，1986 年。

❾❹　黃秀璣《張載》，臺北，東大圖書公司，1987 年。

❾❺　程宜山《張載哲學的系統分析》，上海，學林出版社，1989 年。

❾❻　朱建民《張載思想研究》，臺北，文津出版社，1989 年。

❾❼　龔杰《張載評傳》，南京大學出版社，1996 年。

❾❽　丁為祥《虛氣相即——張載哲學體系及其定位》，北京人民出版社，2000 年。

❾❾　Kasoff, Ira Ethan. *The Thought of Chang Tsai (1020-1077)*. Cambridge: Cambridge University Press, 1984.

關閩、關學干城等章。陳俊民《張載哲學思想及關學學派》的特色，是從關學的角度來研究，此書由幾個主題組成，分為總論與本論，總論一、二為關學源流及其形成發展，本論一至四分別討論張載關學，提出「破天人二本」的邏輯出發點，後分別論述《西銘》、《正蒙》及張載哲學的邏輯範疇體系。黃秀璣曾以英語撰寫兩篇有關張載氣論與倫理學的論文，其《張載》則是在二篇英文論文的基礎上擴充而成，除敘述張載歷史背景與其思想的評價及影響之外，此書主要將張載思想分為宇宙論、倫理學、知識論三方面討論，宇宙論以氣與太虛為重點，倫理學以天地之性與氣質之性為重要概念，知識論以見聞之知與德性之知為主要論點。此書是以西方哲學的視角來看待，其最大特色是將張載哲學與西方哲學作比較。程宜山《張載哲學的系統分析》一書，認為張載是中國哲學史上一位以著述艱深難懂著稱的哲學家。程宜山一書以範疇分析法與系統分析法並用，也就是不僅研究概念與範疇，還重視探討各邏輯結構所編排出來的系統。此書分為張載的自然哲學、人生哲學、認識論和修養方法三大部分，其中關於認識論和修養方法，討論張載的誠明、虛心、窮理盡性以至於命等概念。朱建民《張載思想研究》一書，亦分天道論與心性論兩大部分論述張載思想，天道論以氣與太虛為主要概念，心性論以心及性為主要概念。朱建民一書的特點在於較多哲學性的思辯，尤其對於長久以來爭議不止的氣與太虛之關係有較深入的討論。龔杰《張載評傳》較為全面的探討張載，包括其井田論等主張，但此書將張載思想以「四書學」的角度來貫穿，則有待商榷。丁為祥《虛氣相即──張載哲學體系及其定位》一書，是在其博士論文的基礎上修改而成，分為上下二篇，上篇論張

載天人哲學體系，分為宇宙本體論、性與誠、民胞物與的人生實踐論等，下篇論張載哲學與理學流向，亦即其書之特色所在，論及二程、朱、陸、王陽明、王廷相、王夫之等受張載思想的影響及對張載哲學的討論。英文寫作的卡索夫《張載的思想（1020-1077）》，是目前僅見一部以英語研究張載的專書，亦是在其博士論文的基礎上修訂所成，分為天地、人、聖人三部分來討論。此書提及，《正蒙》乃取自張載較早期著作所組合而成，故唯有將其置於原有語彙中方能徹底瞭解，因而《正蒙》中的某些部分孤立來看實不易解讀，這一觀點十分正確。值得一提的是，此書附錄之考證張載著作，較之諸書，是最為詳盡的一篇。從以上所述可知，大部分的專書是以哲學方式研究，且其內容多偏重於張載氣論的分析。

此外，有許多研究成果並不以專書呈現，而是附於哲學史、道學史、易學史的論述當中，如侯外廬主編的《宋明理學史》⑩、朱伯崑《易學哲學史》⑩，以及各本中國哲學史及中國思想史，如錢穆《宋明理學概述》⑩、牟宗三《心體與性體》⑩、唐君毅《中國哲學原論·原教篇——宋明儒學思想之發展》⑩等。侯外廬《宋明理學史》對張載思想的敘述，分本體論、道德論和認識論三者，其

⑩　侯外廬、邱漢生、張豈之主編《宋明理學史》上下卷，北京人民出版社，1984 年。

⑩　朱伯崑《易學哲學史》第二卷，北京，華夏出版社，1995 年。

⑩　錢穆《宋明理學概述》，《錢賓四先生全集》，臺北，聯經出版社，1994 年。

⑩　牟宗三《心體與性體》，臺北，正中書局，1968 年。

⑩　唐君毅《中國哲學原論·原教篇——宋明儒學思想之發展》，香港，新亞研究所，1975 年。

所述雖較為簡要，但亦不無開創之功。朱伯崑《易學哲學史》討論張載《易說》，從易學史的觀點分析其對《周易》的觀點及注解特點，並對張載易學中的氣論哲學有所論及。此書既能兼顧傳統易學的立場，又能從哲學的觀點來討論，是其最大特色，也是此書異於其他研究著作的獨特之處。錢穆《宋明理學概述》及《朱子新學案》等著作，分析宋代理學的歷史背景及其思想特點，敘述簡明生動，使讀者深有會心之感。牟宗三與唐君毅著作，則偏重哲學分析，並較偏重於解析張載太虛的概念，身為當代新儒家之代表，他們的著作對港臺的學術研究影響頗大，而多以張載太虛為本體來反駁張載唯物主義說。

有關張載研究的期刊論文，數量較多。漢語著作約有百篇，其中大陸方面為六十餘篇，情形如下：1980 年之前有十餘篇，且集中於對張載思想究竟是唯心主義抑或唯物主義的討論，如 1955 年呂世驤《張橫渠的哲學究竟是唯物論還是唯心論？》一文，以及 1956 年陳玉森《張橫渠是一個唯心論者——張岱年先生「張橫渠的哲學」一文讀後感》與張岱年《對「張橫渠是一個唯心論者」一文的答覆》等文，大多同意將其定位為唯物主義，並給予相當高的評價，此中可見學術亦為社會政治的反映；1980 年以後有五十餘篇，以討論張載哲學的論文為大宗，約有三十篇，這其中又以張載氣論佔多數，有十幾篇。在臺灣方面，有三十多篇，內容則較多樣，涉及張載哲學、易學、禮學、教育思想及政治思想等。至於日文著作，大致為二十餘篇，內容也較為多樣，並不集中於氣論。英文方面，有四篇，俱發表於《東西哲學》，主要剖析張載氣論、道德哲學或倫理學。整體而言，關於張載研究的期刊論文，主題較集

中於張載天道論與人性論，或是對《橫渠易說》中某些概念的分析。

回顧有關張載研究的成果，可以歸納出幾個特點：大多是以哲學方式研究，以慣常所見宇宙論、心性論及工夫論的架構來分析，並多集中於張載氣論，而對文獻本身的問題少有觸及。張載學術以道學聞名，又以氣論為特色，因此研究成果多集中於氣論也是可以想見的。然而，張載學術並不僅如此。《宋史》稱張載「嘗坐虎皮講易京師，聽從者甚眾」❿，張載還著有《橫渠易說》，是僅存的一部對經書的注解。司馬光則認為張載「教人學雖博，要以禮為先」⓰，可見張載是十非重視禮的。門人呂大臨說張載「慨然有意三代之治……正經界，分宅里，立斂法，廣儲蓄，興學校，成禮俗」⓱，足見張載是講求致用，注重實踐的。由此應知，張載學術具有多方面，但過去對張載的研究，偏於哲學而忽略其他學術面向，譬如對張載經學的研究就相當少。然而，張載道學乃是由他對經書的理解創發而來的，若將張載經學這部分拋開而直接談張載道學，則是不夠周全的。如朱伯崑說：

> 中國傳統哲學，特別是儒家系統的哲學，同儒家經學發展的歷史有密切的關係。……可是，近代以來，講經學史的，不談其中的哲學問題；講哲學史的，又不談其中的易學問題。

---

❿　《宋史·列傳一百八十六》。

⓰　司馬光《又哀橫渠詩》，收入於《張載集》。

⓱　《橫渠先生行狀》。

> 就後一傾向說，由於脫離經學史，談歷代哲學思想，總有隔
> 靴搔癢之感，不能揭示出其形成和發展的理論淵源。……如
> 談張載哲學著作《正蒙》，不去研究他的易學觀，而是孤立
> 地分析其哲學概念、範疇和命題，見枝葉而不見本根，則難
> 以說清楚其理論的特徵及其來源。❶⓼

研究經學的不談哲學，研究中國哲學的不講經學，確實是一大偏
失。本書即從試圖結合經學與哲學這一動機來開展。

現存張載著作甚少，除《正蒙》、《橫渠易說》為完整的著
作，其餘如《經學理窟》相當於經學筆記，《語錄》及一些文集佚
存則相當零散，這為研究增添不少難度。又《正蒙》以難解著稱
❶⓽，且非張載所定稿，而是由弟子整理其篇次，若想從其篇目安排
的順序上探求張載思想的深意，是不夠可靠的。凡此總總，足見張
載研究要有所突破，實非易事。

本書試圖呈現不同於以往的論述方式。為糾正以往張載研究重
義理而輕文獻之偏，本書從《橫渠易說》與《正蒙》的文獻入手，
在文獻對比中彰顯二者的密切關係，進而釐定從易學到道學的思想
脈絡，並以道學本身的理論架構而非西方哲學的架構來解析。簡言
之，以文獻作基礎，與義理的分析相結合，並以易學及道學的語言
做陳述，即為本書的研究方法。

---

❶⓼　見朱伯崑《易學哲學史》第一卷，序言，北京，華夏出版社，1995 年。
❶⓽　如《正蒙會稿·何景明序》：「《正蒙》書多難解，學者讀之，或不卒業
　　而廢。」《叢書集成新編》本。又如張伯行《濂洛關閩書》：「《正蒙》
　　詞義艱深。」《叢書集成新編》本。

第二章 《橫渠易說》與 《正蒙》的文獻考察

如前所述，張載學術可分為三部分，即易學、禮學及道學，且張載學術是以易學為起點，以道學為終點。本書以探討張載易學與道學及其從易學至道學的理路發展為主，其著作分別以《橫渠易說》與《正蒙》為代表。本章即討論有關這兩部著作的文獻問題，以作為往後各章的論述基礎。

第一節 《橫渠易說》的文獻問題

一、《橫渠易說》的卷數問題

現存《橫渠易說》的明清本是三卷本，但在目錄上卻有十卷本與三卷本兩種記載。宋元諸目錄如《郡齋讀書志》❶、《宋史藝文志》❷與《文獻通考》❸中，均著錄為十卷，但《直齋書錄解題》❹

---

❶ 卷 1。
❷ 卷 1。
❸ 卷 176。
❹ 卷 1。

著錄為三卷，明以後則皆為三卷。《四庫全書總目》❺稱此書：「《宋志》著錄作十卷。今本惟《上經》一卷，《下經》一卷，《繫辭傳》以下至《雜卦》為一卷，末有《總論》十一則，與《宋志》不合。然《書錄解題》已稱《橫渠易說》三卷，則《宋志》誤也。」《四庫全書總目》僅以《直齋書錄解題》著錄為三卷，並與今本合，而論斷是《宋志》之誤，卻忽略其他目錄如《郡齋讀書志》與《文獻通考》也是著錄為十卷，這是《四庫全書總目》的疏失。

　　對於《橫渠易說》十卷本與三卷本的問題，日本學者菰口治❻有不同的看法。他認為，宋元各重要目錄中惟《直齋書錄解題》著錄為三卷，但此書已佚，現存乃清人輯自《永樂大典》，非原本，很可能在輯佚的過程中傳抄有誤❼。至於《文獻通考》，乃根據《郡齋讀書志》與《直齋書錄解題》所編寫，著錄為十卷，則推測馬端臨在編撰《文獻通考》時所見的《郡齋讀書志》與《直齋書錄解題》二部目錄對《橫渠易說》一書的卷數記載並無不同，否則《文獻通考》應有所注明。此外，《橫渠易說》除《繫辭》較為詳細，其他如《說卦》、《序卦》、《雜卦》的注解太過簡略。且《正蒙》中有關《易經》的部分有些是不見於《橫渠易說》，有可

---

❺　　卷 2。

❻　　見菰口治《正蒙的構成與易說研究——其文獻學的考察》，日本《集刊東洋學》第 12 期，1964 年。

❼　　《四庫全書總目》卷 85，稱《直齋書錄解題》曰：「此書久佚，僅《永樂大典》尚載及完帙，惟當時編輯潦草，訛脫宏多，又卷帙割裂，全失其舊。」

能是散佚的部分。綜合以上，菰口治推斷《直齋書錄解題》原本亦著錄《橫渠易說》為十卷，今存的《橫渠易說》三卷本可能是殘本。

二、以《大易粹言》與《周易繫辭精義》考察《橫渠易說》❽是否爲殘本

現存《橫渠易說》究竟是不是殘本？這個問題不易回答。宋本《橫渠易說》已佚，無法考察十卷本內容較今本是否為多，現存文獻中對此書的成書過程又並無敘述，因此，要證明菰口治的推論是有困難的。

幸而，宋代有兩部類書大量節錄《橫渠易說》，分別是《大易粹言》❾與《周易繫辭精義》❿，或可以此考訂《橫渠易說》的文獻問題。

㈠以《大易粹言》考察《橫渠易說》所缺部分

《大易粹言》一書集程顥、程頤、張載、游酢、楊時、郭忠孝

---

❽　指明清本而言。

❾　《四庫全書總目》卷 3，稱：「《大易粹言》十卷，宋方聞一編。聞一舒州人，淳熙中為郡博士，時溫陵曾穜守舒州，命聞一輯為是書，舊序甚明。朱彝尊《經義考》承《宋志》之誤，以為穜作，非也。」《增訂四庫簡明目錄標注》則說：「《四庫全書》改標方聞一編，可以不必。仍定為曾穜撰。」

❿　《周易繫辭精義》二卷，呂祖謙集程頤張載等諸家易說，《直齋書錄解題》卷 1 稱「《館閣書目》以為託祖謙之名」，或有此可能。《古逸叢書》本。若此書確為呂祖謙（1137-1181）所編撰，則此書與《大易粹言》成書時間（淳熙年間，1174-1189）不相上下。

與郭雍七家《易》說，且亦成於宋人之手。或可藉《大易粹言》與《橫渠易說》的比對，考訂是否有張載之言只見於《大易粹言》而不見於《橫渠易說》，以考察今本《橫渠易說》是否為殘本，以及殘本的復原問題。

今以《橫渠易說》（以下簡稱《易說》）《四部備要》影朱軾本為底本，與《大易粹言》（以下簡稱《粹言》）《四庫全書》本作比勘，其為《粹言》所有但不見於《易說》者有 6 條，分別是復卦 1 條、咸卦 1 條、繫辭 3 條、雜卦 1 條。詳見如下。

1. 《復》「象曰……商旅不行，後不省方」

《粹言》一段為《易說》所無：「物因雷動，雷動不妄，則物亦不妄，故曰物與無妄，靜之動也。無休息之期，故地雷為卦。」共 33 字。但「物因雷動……靜之動也」見於《无妄》，而「無休息之期，故地雷為卦」見於《復》卦辭。

2. 《咸》「九四……憧憧往來，未光大也」

《粹言》一段為《易說》所無：「夫天地之常，以其心普萬物而無心；聖人之常，以其情順萬事而無情。故君子之學，莫若廓然而大公，物來則順應。故曰，貞吉悔亡，憧憧往來，朋從爾思。苟規矩於外誘之際，將見感於東而生於西也。非惟日之不足，顧其端無窮，不可得而降也。」共 93 字。

3. 《繫辭》「精氣為物……是故知鬼神之情狀」

《粹言》一段為《易說》所無：「動物本諸天，以呼吸為聚散之漸；植物本諸地，以陰陽升降為聚散之漸。物之初生，氣日至而滋息；物生既盈，氣日反而游散。至之謂神，以其伸也；反之為鬼，以其歸也。」但此段與《正蒙·動物》第一條同。共 64 字。

4. 《繫辭》「與天地相似……樂天知命，故不憂」

《粹言》一段為《易說》所無：「君子立法，必其智周天下之利害，而其道又足以濟天下，然後不過。過，失也。」共 29 字。按，此段朱軾本有，通志堂本有，中華本無。

5. 《繫辭》「顯諸仁，藏諸用」

《粹言》此處有一段為《易說》所無：「非神不能顯諸仁，非知不能藏諸用。」此段《易說》中華本依《精義》補。共 14 字。

6. 《雜卦》

《粹言》一段為《易說》所無：「不曰天地而乾坤云者，言其用也。乾坤亦何形猶言神也。人鮮識天，天竟不可方體，姑指日月星辰處，視以為天。陰陽言其實，乾坤言其用，如言剛柔也，乾坤則所包者廣。」置於「乾坤剛柔」。共 65 字。

上述共 6 條，298 字。其中《復卦》一條前半部見於《无妄卦》注，後半部則見於《復卦》卦辭注。此外，《繫辭》一條與《正蒙·動物》第一條同。這些或有可能是《大易粹言》編者在編撰時所誤植。

㈡以《周易繫辭精義》考察《橫渠易說》所缺部分

中華書局點校《張載集》中所收錄的《橫渠易說》（以下簡稱《易說》中華本），除異本對校外，還利用《周易繫辭精義》（以下簡稱《精義》）參校，對《易說》的《繫辭》部分做了不少刪補改正。因此，《易說》中華本依《精義》所補之處，即為現存《易說》的古代刻本所無，或能以此考察《易說》的篇卷以及殘本問題。《易說》中華本依《精義》所補部分如下，並對照《粹言》。

1. 補「幾者動之微，虛靜則知幾」一段，共 10 字，注於《繫

辭》（以下同）「憂悔吝者存乎介」句下。《粹言》無此段。

2.補「釋氏語實際……未始真解也」一段，共 270 字，注於「仰以觀於天文……故知死生之說」句下。亦見於《正蒙》。《粹言》無此段。

3.補「精氣為物……亦不出此」一段，共 143 字，經文「精氣為物……知鬼神之情狀」亦為所補。《粹言》無此段。

4.補「與范巽之言……失其歸也」一段，共 292 字，注於「精氣為物……知鬼神之情狀」句下。亦見於《正蒙》，但無首句及最末兩句。《粹言》無此段。

5.補「所謂山川雷之神……不可不察以自袪其疑爾」一段，共 103 字，注於「精氣為物……知鬼神之情狀」句下。《粹言》無此段。

6.補「氣之於人……一成而不變者為魄」一段，共 23 字，注於「精氣為物……知鬼神之情狀」句下。除最末 8 字外，其餘亦見於《正蒙》。《粹言》無此段。

7.補「意……則與天地不相似」一段，共 28 字，注於「與天地相似……樂天知命故不憂」句下。亦見於《正蒙》。《粹言》無此段。

8.補「安土……皆懷居也」一段，共 20 字，注於「安土敦乎仁，故能愛」句下。亦見於《正蒙》。《粹言》無此段。

9.補「窮理盡性……然後不夢周公」一段，共 50 字，注於「範圍天地之化而不過」句下。亦見於《正蒙》。《粹言》無此段。

10.補「非神不能顯諸仁，非知不能藏諸用」一段，共 14 字，

經文「顯諸仁，藏諸用」亦為所補。《粹言》有此段。

11.補「時措之宜便是禮……時中者不謂此」一段，共 265 字，經文「聖人有以見天下之動……以行其典禮」亦為所補。亦見於《經學理窟》及《語錄》，但字句頗不同。《粹言》無此段。

12.補「變言其著，化言其漸」一段，共 8 字，注於「子曰……其知神之所為乎」句下。《粹言》無此段。

13.補「聖人感天下之志，雖愚人猶能識其意」一段，共 15 字，注於「是以君子將有為也……此之謂也」句下。《粹言》無此段。

14.補「凡氣……通之極與」一段，共 39 字，注於「是以君子將有為也……此之謂也」句下。亦見於《正蒙》。《粹言》無此段。

15.補「虛靜照鑒……神之充塞而無間也」一段，共 25 字，注於「利用出入……謂之神」句下。亦見於《正蒙》。《粹言》無此段。

16.補「常人之學……其進德之盛者歟」一段，共 40 字，注於「化而裁之存乎變，推而行之存乎通」句下。亦見於《正蒙》。《粹言》無此段。

17.補「存文王……知物性之邪」一段，共 18 字，注於「神而明之……存乎德行」句下。亦見於《正蒙》。《粹言》無此段。

18.補「陽卦多陰……則均矣」一段，共 36 字，經文「陽卦多陰，陰卦多陽」亦為所補。《粹言》無此段。

19.補「天下何思何慮……斯可矣」一段，共 14 字，注於「易曰，憧憧往來……以崇德也」句下。亦見於《正蒙》。《粹言》無

此段。

20.補「雷霆感動雖速⋯⋯德之盛者歟」一段，共 24 字，注於「窮神知化，德之盛也」句下。亦見於《正蒙》。《粹言》無此段。

21.補「神化者⋯⋯則窮神知化」一段，共 21 字，注於「窮神知化，德之盛也」句下。亦見於《正蒙》。《粹言》無此段。

22.補「氣有陰陽⋯⋯豈天道神化所同語也哉」一段，共 205 字，注於「窮神知化，德之盛也」句下。亦見於《正蒙》。《粹言》無此段。

23.補「物無孤立之理⋯⋯故一屈一信相感而利生焉」一段，共 60 字，注於「窮神知化，德之盛也」句下。亦見於《正蒙》。《粹言》無此段。

24.補「知幾者為能以屈為信⋯⋯又何爭」一段，共 33 字，注於「窮神知化，德之盛也」句下。除首 9 字外，餘亦見於《正蒙》。《粹言》無此段。

25.補「無不容⋯⋯至虛則無不信矣」一段，共 18 字，注於「窮神知化，德之盛也」句下。亦見於《正蒙》。《粹言》無此段。

26.補「君子無所爭⋯⋯利莫大焉」一段，共 33 字，注於「窮神知化，德之盛也」句下。亦見於《正蒙》。《粹言》無此段。

27.補「將致用者⋯⋯趨時也」一段，共 39 字，注於「窮神知化，德之盛也」句下。亦見於《易說·乾卦》與《正蒙》。《粹言》無此段。

28.補「明庶物⋯⋯因性其仁而形」一段，共 19 字，注於「窮

神知化，德之盛也」句下。亦見於《正蒙》。《粹言》無此段。

29.補「不知來物，未足以利用」一段，共 9 字，注於「窮神知化，德之盛也」句下。亦見於《正蒙》。《粹言》無此段。

30.補「虛則受……男女構精之義者此也」一段，共 77 字，注於「天地絪縕……萬物化生」句下。《粹言》無此段。

31.補「陰虛而陽實……其孰能與於此」一段，共 137 字，注於「天地絪縕……萬物化生」句下。《粹言》無此段。

32.補「卦有稱名至小……取義大也」一段，共 27 字，注於「其事肆而隱」句下。《粹言》無此段。

33.補「困而不知變……知我者其天乎」一段，共 108 字，注於「困，德之脩也」句下。亦見於《正蒙》。《粹言》無此段。

34.補「易為君子謀……君子之義」一段，共 33 字，注於「其初難知……則思過半矣」句下。亦見於《正蒙》。《粹言》無此段。

35.補「至健而易……不可勉而至」一段，共 23 字，注於「夫乾……研諸侯之慮」句下。亦見於《易說·乾卦》與《正蒙》。《粹言》無此段。

36.補「數往順……易逆數」一段，共 9 字，注於《說卦》「數往者順……逆數也」句下。《粹言》無此段。

37.補「一陽生於兩陰之上……其勢止也」一段，共 16 字，注於《說卦》「乾，健也……兌，說也」句下。亦見於《正蒙》。《粹言》無此段。

38.補「性天經……禮義有所錯」一段，共 24 字，注於《序卦》，經文「有父子……禮義有所錯」亦為所補。亦見於《正

蒙》。《粹言》無此段。

以上共 38 條，2328 字，是依《精義》所補，而其中僅 1 條見於《粹言》，但有 27 條見於《正蒙》，1 條見於《經學理窟》及《語錄》。

三、小結

綜合以上結果，《粹言》共 7 條 335 字為《易說》所缺，《精義》共 38 條 2328 字為《易說》所缺，其中僅 1 條見於《粹言》，有 27 條見於《正蒙》，1 條見於《經學理窟》及《語錄》。二者共有 46 條 2663 字，是現存《易說》所缺而為《易說》原本所有，證明現今《橫渠易說》確是殘本❶，如菰口治所推測。

但現今《橫渠易說》到底殘缺多少？是否就是原本十卷本殘缺了七卷而成為現今的三卷本？此處有一疑慮，即《精義》部分僅 1 條見於《粹言》，其餘 37 條是否的確為《易說》原本，孤證難以為據。且《精義》有 27 條見於《正蒙》，1 條見於《經學理窟》及《語錄》，或有可能是《精義》引自《正蒙》、《經學理窟》及《語錄》。因此，《易說》原本未必能用《精義》來復原。此外，《粹言》與《精義》亦有傳抄訛誤問題，十卷本到三卷本也有可能與篇卷分合有關。總之，《橫渠易說》有多少殘缺，以及十卷本到

---

❶ 王基西亦以《漢上易傳·說卦傳》卷 9「震為雷，為龍」節下引張載云：「陰氣凝聚，陽在內者不得出，則奮擊而為雷霆，陽在外者不得入，則周旋不舍而為風，其聚有遠近虛實，故風雷有大小暴緩。」不見於今本《橫渠易說》，而認為今本《橫渠易說》是殘本。見王基西《北宋易學考》，《臺灣師大國文集刊》第 23 期，1979 年，頁 155。

三卷本的問題，仍有待進一步考證。至於菰口治所言《橫渠易說》中對《說卦》、《序卦》、《雜卦》的注解太過簡略，而考慮到有可能散佚，但根據《郡齋讀書志》所記：「其解甚略，《繫辭》差詳。」則《橫渠易說》的原本除《繫辭》外即已甚為簡略，故此點不能成為懷疑其為殘本的原因。

第二節　《正蒙》與《橫渠易說》、《易經》二書的關係

《正蒙》是張載道學的代表著作，歷來的張載研究也都集中在這部書上，主要是從哲學的角度分析其氣論宇宙觀、心性論與工夫論，對《正蒙》條列式的著作而言，這樣的研究方法是較為簡易的途徑。但是，若將《正蒙》與《橫渠易說》、《易經》相對照，會發現彼此間有著極密切的關係，以至於能開創一條研究《正蒙》的新途徑。

一、《正蒙》採自《橫渠易說》的部分

《正蒙》是張載平生最後一部著作，故《正蒙》與《橫渠易說》相同的部分，應為《正蒙》採自《橫渠易說》者。今以《正蒙》中華本為底本，與《橫渠易說》中華本作比勘，得其相同部分如下。此外，為讀者研究方便，二者文字差異部分，亦羅列於後。
《太和篇第一》
1.第 6 條「氣坱然太虛……為雪霜……無非教也」共 87 字，見於

《易說‧繫辭下》。《易說》作「霜雪」。

2. 第 7 條「氣聚則離明得施而有形……有以知明之故」共 104 字，見於《易說‧繫辭上》。

3. 第 8 條「氣之聚散於太虛……則無無……非窮理之學也」共 56 字，見於《易說‧繫辭上》。《易說》作「則無有有無」。

4. 第 10 條「凡氣清則通……通之極與」共 39 字，見於《易說‧繫辭上》，乃依《精義》所補。

5. 第 14 條「兩不立則一不可見……其究一而已」共 37 字，見於《易說‧說卦》。

6. 第 15 條「感而後有通……乾坤毀則無以見易」共 27 字，見於《易說‧繫辭上》。

7. 第 17 條「日月相推而明生，寒暑相推而歲成……陰陽不測，皆所謂通乎晝夜之道也」共 37 字，見於《易說‧繫辭下》。《易說》「生」與「成」後有「焉」字，無「陰陽」二字。

8. 第 21 條「心所以萬殊者，感萬物為不一也……絪縕二端而已焉。物之所以相感者……一萬物之妙者與」共 50 字，見於《易說‧繫辭下》。《易說》「為不一」作「而不一」，無「二端」二字，「物之」後有「物」字。

《太和篇第一》共 22 條，1385 字，其中與《易說》相同者有 8 條，437 字。

《參兩篇第二》

1. 第 1 條「地所以兩……性也」共 28 字，見於《易說‧說卦》。

2. 第 2 條「一物兩體……此天之所以參也」共 28 字，見於《易說‧說卦》。《易說》「體」後有「者」字。

3. 第 18 條「雷霆感動雖速……能窮神化所從來，德之盛者與」共
   26 字，見於《易說·繫辭下》，乃依《精義》所補。《易說》
   「窮神化所從來」作「窮神知化」，「者與」作「也歟」。

《參兩篇第二》共 22 條，1231 字，其中與《易說》相同者有 3
條，82 字。

《天道篇第三》

1. 第 4 條「天不言而四時行……神之道與」共 27 字，見於《易
   說·觀卦》。

2. 第 8 條「鼓萬物而不與聖人同憂……非有心所及也」共 28 字，
   見於《易說·繫辭上》。

3. 第 11 條「富有……無疆之道與」共 18 字，見於《易說·繫辭
   上》。

4. 第 13 條「化而裁之存乎變……則能存百刻之通」共 62 字，見於
   《易說·繫辭上》。

5. 第 14 條「神而明之……默成而信矣」共 40 字，見於《易說·繫
   辭上》。

6. 第 15 條「存文王……則知物性之神」共 18 字，見於《易說·繫
   辭上》，乃依《精義》所補。《易說》「神」作「邪」。

7. 第 21 條「貞明不為日月所眩，貞觀不為天地所遷」共 16 字，見
   於《易說·繫辭下》。

《天道篇第三》共 21 條，562 字，其中與《易說》相同者有 7
條，209 字。

《神化篇第四》

1. 第 3 條「虛明……無間也」共 27 字，見於《易說·繫辭上》。

《易說》作「虛靜」，乃依《精義》所補。

2.第 4 條「天下之動……則不足以盡神」共 18 字，見於《易說·繫辭上》。

3.第 6 條「形而上者……急則反神」共 42 字，見於《易說·繫辭下》。

4.第 7 條「氣有陰陽……非氣非時……所同語也哉」共 205 字，見於《易說·繫辭下》，乃依《精義》所補。《易說》「非氣」作「非化」。

5.第 8 條「變則化……以著顯微也」共 20 字，見於《易說·繫辭上》。

6.第 10 條「神化者……然後能窮神知化」共 23 字，見於《易說·繫辭下》，乃依《精義》所補。《易說》「然後能」作「則」。

7.第 11 條「大可為也……非智力能強也」共 34 字，見於《易說·繫辭下》。

8.第 16 條「見幾則義明……乃德盛而自致爾」共 44 字，見於《易說·繫辭下》。《易說》無「而」字。

9.第 17 條「精義入神……求利吾外也……乃養盛自致……未或致知也」共 53 字，見於《易說·繫辭下》。《易說》「外也」後有小字「求一作素」，「養盛自致」作「養成自然」。

10.第 18 條「神不可致思……成人性矣」共 55 字，見於《易說·繫辭上》。

11.第 21 條「惟神為能變化……其必知神之為也」共 28 字，見於《易說·繫辭上》。

12.第 23 條「知幾其神……所見皆吉也」共 54 字，見於《易說·繫

辭下》。

13.第 25 條「精義入神，豫之至也」共 8 字，見於《易說·繫辭下》。

14.第 28 條「過則溺於空……存夫神，又不能知夫化矣」共 21 字，見於《易說·繫辭上》。《易說》「存夫神」作「存其神」。《易說》以此段乃呂大臨之說，刪。

15.第 29 條「旁行不流……溺於流也」共 20 字，見於《易說·繫辭上》。

16.第 30 條「義以反經為本……義入神則無方」共 46 字，見於《易說·繫辭下》。

《神化篇第四》共 30 條，1085 字，其中與《易說》相同者有 16 條，698 字。

《動物篇第五》

1.第 2 條「氣於人……死而游散者謂魂」共 14 字，見於《易說·繫辭上》，乃依《精義》所補。《易說》作「氣」後有「之」字。

2.第 7 條「物無孤立之理……故一屈伸相感而利生焉」共 60 字，見於《易說·繫辭下》，乃依《精義》所補。《易說》作「伸」前有「一」字，「伸」作「信」。

3.第 10 條「人之有息……乾坤闔闢之象也」共 16 字，見於《易說·繫辭上》。

《動物篇第五》共 13 條，512 字，其中與《易說》相同者有 3 條，90 字。

《誠明篇第六》

1. 第 8 條「天能謂性……聖人成能」共 34 字，見於《易說·繫辭下》。

2. 第 23 條「性未成則善惡混……成之者性也」共 37 字，見於《易說·繫辭上》。

3. 第 35 條「屈信相感而利生……至誠則順理而利，偽則不循理而害」共 37 字，見於《易說·繫辭下》。《易說》無「至」字。

《誠明篇第六》共 36 條，1387 字，其中與《易說》相同者有 3 條，108 字。

《大心篇第七》

《大心篇第七》共 16 條，684 字，其中與《易說》相同者有 0 條，0 字。

《中正篇第八》

1. 第 18 條「意……則與天地為不相似」共 29 字，見於《易說·繫辭上》，乃依《精義》所補。《易說》無「為」字。

2. 第 45 條「有不知則有知……受命乃如響」共 36 字，見於《易說·繫辭上》。

《中正篇第八》共 57 條，2217 字，其中與《易說》相同者有 2 條，65 字。

《至當篇第九》

1. 第 2 條「循天下之理之謂道……易簡之善配至德」共 25 字，見於《易說·繫辭上》。

2. 第 6 條「日新之謂盛德……是謂盛德」共 31 字，見於《易說·繫辭上》。

3. 第 7 條「浩然無害……照無偏繫……然後能無方體，能無方體，然後能無我」共 60 字，見於《易說·乾卦》。《易說》「害」作「間」，「繫」作「係」，「然後能無方體，能無方體」作「然後能無方無體」，「無我」前無「能」字。

4. 第 18 條「易簡理得則知幾……利用安身之要莫先焉」共 49 字，見於《易說·繫辭上》。

5. 第 19 條「性天經然後仁義行……然後禮義有所錯」共 24 字，見於《易說·序卦》。《易說》「仁」作「禮」，乃依《精義》所補。

6. 第 27 條「不知來物，不足以利用」共 9 字，見於《易說·繫辭下》，乃依《精義》所補。《易說》「不」作「未」。

7. 第 32 條「志大則才大……又曰日新」共 32 字，見於《易說·繫辭上》。

8. 第 38 條「易簡然後能知險阻，易簡理得……以屈為伸」共 44 字，見於《易說·繫辭下》。《易說》無「能」字，「理得」前無「易簡」二字，「伸」作「信」。

9. 第 39 條「君子無所爭，彼伸則我屈……吾不伸而伸矣，又何爭」共 24 字，見於《易說·繫辭下》，乃依《精義》所補。《易說》「伸」俱作「信」。

10. 第 40 條「無不容然後盡屈伸之道，至虛則無所不伸矣」共 18 字，見於《易說·繫辭下》，乃依《精義》所補。《易說》「伸」俱作「信」。

11. 《至當篇第九》第 41 條「君子無所爭……屈伸之感……交伸……利莫大焉」共 33 字，見於《易說·繫辭下》，乃依《精

義》所補。《易說》「伸」俱作「信」。

12.第 42 條「天下何思何慮……斯盡之矣」共 15 字,見於《易說·繫辭下》,乃依《精義》所補。

13.第 49 條「將致用者……思進德者,徙義必精……不少懈於趨時也」共 39 字,見於《易說·乾卦》。《易說》「將」作「求」,「思」作「將」,「徙」作「涉」。

14.第 51 條「有吉凶利害……故無施不宜,則何業之有」共 23 字,見於《易說·繫辭上》。《易說》「故」作「若」。

15.第 52 條「天下何思何慮,行其所無事斯可矣」共 14 字,見於《易說·繫辭下》。

16.第 53 條「知崇……如天地設位而易行」共 49 字,見於《易說·繫辭上》。

17.第 54 條「知德之難言……達乎是哉」共 53 字,見於《易說·繫辭上》。

《至當篇第九》共 55 條,1504 字,其中與《易說》相同者有 17 條,542 字。

《作者篇第十》

1.第 7 條「明庶物……致用……性其仁而行」共 18 字,見於《易說·繫辭下》,乃依《精義》所補。《易說》「致用」作「入神」,「性」前有「因」。

2.第 11 條「以杞包瓜……盡人謀而聽天命者與」共 26 字,見於《易說·姤卦》。

3.第 12 條「上天之載……萬邦信悅……存乎其人」共 36 字,見於《易說·繫辭上》。《易說》「悅」作「說」。

《作者篇第十》共 21 條，753 字，其中與《易說》相同者有 3
條，80 字。

《三十篇第十一》

1. 第 2 條「常人之學……仲尼學行……其進德之盛者與」共 40
   字，見於《易說·繫辭上》，乃依《精義》所補。《易說》無
   「學行」二字，「與」作「歟」。

2. 第 3 條「窮理盡性……從心而不踰矩……不夢周公」共 51 字，
   見於《易說·繫辭上》，乃依《精義》所補。《易說》無「而」
   字。

3. 第 5 條「困而不知變……知我者其天乎」共 109 字，見於《易
   說·繫辭下》，乃依《精義》所補。

4. 第 25 條「顏子之徒……吾聞其語而未見其人也」共 24 字，見於
   《易說·乾卦》。《易說》「而」作「矣」。

5. 第 26 條「用則行……與聖者同」共 32 字，見於《易說·乾
   卦》。

6. 第 32 條「子路禮樂文章……如易所謂利用折獄……適能是而已
   焉」共 53 字，見於《易說·噬嗑卦》。《易說》無「所謂」二
   字，無「折」字。

《三十篇第十一》共 34 條，1513 字，其中與《易說》相同者有 6
條，309 字。

《有德篇第十二》

1. 第 23 條「安土……皆懷居也」共 20 字，見於《易說·繫辭
   上》，乃依《精義》所補。

2. 第 36 條「谷神能象其生而應之……非此之謂也」共 58 字，見於

《易說·乾卦》。

3. 第 37 條「大人虎變，夫何疚之有」共 9 字，見於《易說·革卦》。

《有德篇第十二》共 38 條，1079 字，其中與《易說》相同者有 3 條，87 字。

《有司篇第十三》

《有司篇第十三》共 9 條，351 字，其中與《易說》相同者有 0 條，0 字。

《大易篇第十四》

1. 第 1 條「大易不言有無……諸子之陋也」共 14 字，見於《易說·繫辭上》。

2. 第 2 條「易語天地陰陽……使君子樂取之為貴」共 46 字，見於《易說·繫辭上》。

3. 第 3 條「易一物而合三才……而謂之人」共 31 字，見於《易說·說卦》。《易說》「合三才」作「三才備」。

4. 第 4 條「易為君子謀……必諭之以君子之義」共 33 字，見於《易說·繫辭下》，乃依《精義》所補。

5. 第 5 條「一物而兩體，其太極之謂與……莫不有乾坤之道」共 46 字，見於《易說·說卦》。《易說》「體」後有「者」字，「與」作「歟」，「道」後有「也」字。

6. 第 6 條「陰陽……故乾坤毀則無以見易」共 25 字，見於《易說·繫辭上》。

7. 第 7 條「六爻各盡利而動……三極之道也」共 32 字，見於《易說·繫辭上》。《易說》無「各」字。

8. 第 8 條「陽遍體眾陰……上與下皆君子之道也」共 55 字，見於《易說·繫辭下》。

9. 第 9 條「吉凶……易之四象與……亦兩而已」共 25 字，見於《易說·繫辭上》。《易說》「與」作「歟」。

10. 第 10 條「尚辭則言無所苟……孰能與於此」共 41 字，見於《易說·繫辭上》。

11. 第 11 條「易非天下之至精，則詞不足以待天下之問……不行而至」共 74 字，見於《易說·繫辭上》。《易說》「詞」作「辭」，「至」後有「也」字。

12. 第 12 條「示人吉凶……語蓍龜之用也」共 23 字，見於《易說·繫辭上》。

13. 第 13 條「顯道者……故可與佑神」共 60 字，見於《易說·繫辭上》。《易說》「佑」作「祐」。

14. 第 15 條「天下之理得……貞也」共 24 字，見於《易說·乾卦》。

15. 第 16 條「乾之四德……當父母萬物」共 30 字，見於《易說·乾卦》。

16. 第 17 條「象明萬物資始……故不得不以元配坤」共 26 字，見於《易說·乾卦》。

17. 第 18 條「仁統天下之善……信一天下之動」共 24 字，見於《易說·乾卦》。

18. 第 19 條「六爻擬議……利且貞也」共 22 字，見於《易說·乾卦》。

19. 第 20 條「顏氏求龍德正中……歟夫子之忽焉前後也」共 33 字，

見於《易說·乾卦》。

20.第 21 條「乾三四……何亢之有」共 102 字，見於《易說·乾卦》。

21.第 23 條「乾之九五曰……大人造也」共 63 字，見於《易說·乾卦》。

22.第 24 條「庸言庸行……安吾止也」共 82 字，見於《易說·乾卦》。

23.第 25 條「惟君子為能與時消息……故能保合太和……於聖智者與……保合太和……其此之謂乎」共 87 字，見於《易說·乾卦》。《易說》「太和」俱作「大和」，「者與」作「者歟」。

24.第 26 條「成性則躋聖而位天德……見大人德與位之皆造也」共 62 字，見於《易說·乾卦》。

25.第 27 條「大而得易簡之理……則富貴不足以言之」共 46 字，見於《易說·乾卦》。

26.第 28 條「樂則行之……未暇及人者也」共 47 字，見於《易說·乾卦》。《易說》「未暇及人」作「不暇及夫人」。

27.第 29 條「成德為行，德成自信則不疑，所行日見乎外可也」共 19 字，見於《易說·乾卦》。《易說》「則」作「而」，「行」作「以」，「乎」作「於」。

28.第 30 條「乾九三修辭立誠……終其義也」共 48 字，見於《易說·乾卦》。

29.第 31 條「至健而易……其致一也」共 37 字，見於《易說·乾卦》。

30.第 32 條「坤至柔……乃積大勢成而然也」共 15 字，見於《易

說·繫辭上》。《易說》「乃」前有「剛」字，「也」作「爾」。

31. 第 33 條「乾至健無體……故簡能」共 22 字，見於《易說·繫辭上》。

32. 第 34 條「坤先迷不知所從……則得其常矣」共 19 字，見於《易說·坤卦》。

33. 第 35 條「造化之功……遂乎說潤……終始乎止」共 33 字，見於《易說·說卦》。《易說》「說」作「悅」，「終始」作「始終」。

34. 第 36 條「健……柔之體」共 14 字，見於《易說·說卦》。

35. 第 37 條「巽為木……嗓人之象也」共 57 字，見於《易說·說卦》。

36. 第 38 條「坎為血卦……其色也」共 17 字，見於《易說·說卦》。

37. 第 39 條「離為乾卦……附且燥也」共 14 字，見於《易說·說卦》。

38. 第 40 條「艮為小石……通或寡也」共 21 字，見於《易說·說卦》。

39. 第 41 條「兌為附決……柔者必折也」共 24 字，見於《易說·說卦》。

40. 第 42 條「坤為文……容載廣也」共 12 字，見於《易說·說卦》。

41. 第 43 條「乾為大赤……健極而寒甚也」共 16 字，見於《易說·說卦》。

42. 第 44 條「震為萑葦……皆蕃鮮也」共 14 字，見於《易說·說卦》。

43. 第 45 條「一陷溺而不得出為坎，一附麗而不能去為離」共 18 字，見於《易說·序卦》。

44. 第 46 條「一陽為主……止也」共 18 字，見於《易說·說卦》，乃依《精義》所補；「易言光明者……著則明之義也」共 15 字，見於《易說·艮卦》。

45. 第 47 條「蒙無遽亨之理……時中之亨也」共 17 字，見於《易說·蒙卦》。

46. 第 48 條「不終日貞吉……仲尼以六二……知幾而正矣」共 50 字，見於《易說·說卦》。《易說》無「仲尼以」三字。

47. 第 49 條「坎維心亨……而往有功也」共 29 字，見於《易說·習坎卦》。

48. 第 50 條「中孚……有必生之理」共 32 字，見於《易說·中孚卦》。

49. 第 51 條「物因雷……物與無妄」共 19 字，見於《易說·無妄卦》。

50. 第 52 條「靜之動……指其化而裁之爾……又曰出入無疾」共 55 字，見於《易說·復卦》。《易說》「爾」作「耳」。

51. 第 53 條「益長裕而不設……非益也」共 20 字，見於《易說·繫辭下》。

52. 第 54 條「井渫而不食……作易者之歎與」共 19 字，見於《易說·井卦》。《易說》無「而」字，「與」作「歟」。

53. 第 55 條「闔戶……受於陽也」共 21 字，見於《易說·繫辭

上》。

54.第 56 條「辭各指其所之……指之以趨時盡利……能從之……當否當亨者……不可不察」共 159 字，見於《易說・繫辭下》。《易說》「以」作「使」，「能」前有「人」字，「當否當亨」作「當亨當否」。

55.第 57 條「因爻象之既動……吉凶見乎外」共 24 字，見於《易說・繫辭下》。

56.第 58 條「富有者……久無窮也」共 14 字，見於《易說・繫辭上》。《易說》「久」後有「而」字。

57.第 59 條「顯……所以妙乎神」共 28 字，見於《易說・繫辭上》。

58.第 60 條「變化進退之象……察變化之象為易」共 37 字，見於《易說・繫辭上》。

59.第 61 條「憂悔吝者存乎介……知所動之幾微也」共 25 字，見於《易說・繫辭上》。

《大易篇第十四》共 62 條，2256 字，其中與《易說》相同者有 59 條，2135 字。

《樂器篇第十五》

《樂器篇第十五》共 37 條，1543 字，其中與《易說》相同者有 0 條，0 字。

《王禘篇第十六》

《王禘篇第十六》共 23 條，1261 字，其中與《易說》相同者有 0 條，0 字。

《乾稱篇第十七》

1. 第 11 條「釋氏語實際……與吾儒二本殊歸矣……此非則彼是，固不當……知聖人，知鬼神……欲免陰陽畫夜之累……未始心解也」共 270 字，見於《易說·繫辭上》，乃依《精義》所補。《易說》無「矣」字，「此非則彼是」作「彼是則我非」，「知聖人，知鬼神」作「知鬼神，知聖人」，「陰陽畫夜」作「畫夜陰陽」，「心解」作「真解」。

2. 第 12 條「易謂……所以直季路之問而不隱也」共 42 字，見於《易說·繫辭上》。《易說》「謂」前有「所」字。

3. 第 13 條「體不偏滯……以其兼體……指事異名爾」共 89 字，見於《易說·繫辭上》。《易說》「兼體」後有「也」字。

4. 第 14 條「大率天之為德……老氏況諸谷以此」共 30 字，見於《易說·繫辭上》。

5. 第 15 條「太虛者……其游魂為變與……指前後身而為說也」共 116 字，見於《易說·繫辭上》。《易說》「與」作「乎」。

6. 第 16 條「益物必誠……欲自益且益人……信夫」共 52 字，見於《易說·繫辭下》。《易說》「且」後有「不足」，「信」前有「設，謂虛設」三字。

《乾稱篇第十七》共 18 條，1807 字，其中與《易說》相同者有 6 條，599 字。

　　以上為《正蒙》各篇中與《易說》相同的部分，其於各篇中所佔比率，表列如下。

《正蒙》篇名	與《易說》相同之條數	本篇總條數	所占比率	備注
	與《易說》相同之字數	本篇總字數	所占比率	
《太和篇第一》	8	22	36.4%	
	437	1385	31.6%	
《參兩篇第二》	3	22	13.6%	
	82	1231	6.7%	
《天道篇第三》	7	21	33.3%	
	209	562	37.2%	
《神化篇第四》	16	30	53.3%	所占比率次高
	698	1085	64.3%	
《動物篇第五》	3	13	23.1%	
	90	512	17.6%	
《誠明篇第六》	3	36	8.3%	
	108	1387	7.8%	
《大心篇第七》	0	16	0%	
	0	684	0%	
《中正篇第八》	2	57	3.5%	
	65	2217	2.9%	
《至當篇第九》	17	55	30.9%	
	542	1504	36%	
《作者篇第十》	3	21	14.3%	
	80	753	10.6%	
《三十篇第十一》	6	34	17.6%	
	309	1513	20.4%	
《有德篇第十二》	3	38	7.9%	
	87	1079	8.1%	
《有司篇第十三》	0	9	0%	
	0	351	0%	
《大易篇第十四》	59	62	95.2%	所占比率最高
	2135	2256	94.6%	
《樂器篇第十五》	0	37	0%	
	0	1543	0%	

《王禘篇第十六》	0	23	0%	
	0	1261	0%	
《乾稱篇第十七》	6	18	33.3%	
	599	1807	33.1%	

根據圖表可知，《正蒙》與《易說》相同的部分，若按字數算，超過百分之三十的有 6 篇，其中以《大易篇第十四》最高，為百分之九十以上，《神化篇第四》次之，佔百分之六十以上。至於《大心篇第七》、《有司篇第十三》、《樂器篇第十五》、《王禘篇第十六》四篇，則沒有與《易說》相同的部分。

總計《正蒙》各篇及其與《易說》相同的部分，如下表。

《正蒙》與《易說》相同之總條數	《正蒙》總條數	所占比率
《正蒙》與《易說》相同之總字數	《正蒙》總字數	所占比率
136	514	26.5%
5441	21130	25.8%

如表所見，《正蒙》的四分之一是來自於《易說》，這個比例是相當高的。

至於《正蒙》采自《易說》何處，列表如下。

乾卦	21
坤卦	1
蒙卦	1
觀卦	1
噬嗑卦	1

復卦	1
无妄卦	1
習坎卦	1
姤卦	1
井卦	1
革卦	1
艮卦	1
中孚卦	1
繫辭上	53
繫辭下	32
說卦	17
序卦	2

《正蒙》以采自《易說·繫辭》最多，有 85 條，其次是《易說·乾卦》，有 21 條，再次為《易說·說卦》，有 17 條。因此，可以說《正蒙》與《易說·繫辭》的關係最為密切，道學家的思想往往建立在對《易經·繫辭》的解說上，此即明證。

以上統計，乃以《易說》中華本為底本，包含有其依《周易繫辭精義》所補的部分。若以保守計，以現存《易說》古代刻本為考量，將《正蒙》一書同於《易說》中華本依《精義》所補部分的 27 條 1399 字去除不算，亦有 110 條❿ 4042 字是與現存《易說》的明清本相同，佔《正蒙》全書總條數的 21.4%，全書字數的 19.1%

---

❿ 由於《正蒙》與《易說》在各條的分段上略有不同，各別文字亦有出入，故此處統計之「《正蒙》同於《易說》中華本依《精義》所補部分」，與上一節「以《精義》考察《易說》所缺部分」亦見於《正蒙》者，兩者的數據不盡相同。此外，由於《大易篇》第 46 條有兩部分，只有其上半為依《精義》所補，故此處計算條數時仍將此條列入。

的比率。《正蒙》與《易說》關係之密切，可見一般。

二、《正蒙》與《易經》相關的部分

除上述之外，《正蒙》還有不少與《易經》相關的部分，或是引用《易經》，或是采用《易經》概念，這些若考量在內，更可見《易經》與《正蒙》的關係。以下分三類敘述，不重覆引用。

㈠提及「易」字者，或指《易經》，或指變易

1. 《太和篇第一》第 1 條「……學《易》者見此，謂之見《易》……」共 117 字。

2. 《太和篇第一》第 5 條「……則深於《易》者也……」共 261 字。

3. 《神化篇第四》第 22 條「見易則神其幾矣」共 7 字。

4. 《神化篇第四》第 24 條「……見易而後能知神……」共 33 字。

5. 《大易篇第十四》第 14 條「……則於《易》深矣」共 18 字。

㈡引用《易經》者⓭

1. 《參兩篇第二》第 13 條「日月得天……」共 16 字，乃引自《易經·恒卦·象傳》「日月得天而能久照」。

2. 《神化篇第四》第 2 條「神無方，易無體……」共 12 字，乃引自《易經·繫辭傳》「故神無方而易無體」。

3. 《中正篇第八》第 4 條「……陰陽不測之謂神」共 50 字，乃引自《易經·繫辭傳》「陰陽不測之謂神」。

4. 《中正篇第八》第 31 條「……不善未嘗不知……」共 52 字，乃

⓭　此處乃直接引用《易經》，或為之注釋者。

引自《易經・繫辭傳》「有不善未嘗不知」。

5. 《中正篇第八》第 34 條「……多識前言往行以畜德……」共 57 字，乃引自《易經・大畜卦・象傳》「多識前言往行以畜其德」。

6. 《中正篇第八》第 37 條「……隱而未見……」共 22 字，乃引自《易經・乾卦・文言傳》「隱而未見」。

7. 《中正篇第八》第 48 條「蒙以養正……」共 25 字，乃引自《易經・蒙卦・象傳》「蒙以養正」。

8. 《至當篇第九》第 50 條「動靜不失其時……」共 26 字，乃引自《易經・艮卦・象傳》「動靜不失其時」。

9. 《樂器篇第十五》第 7 條「……上下無常，非為邪也，進德修業，欲及時也……」共 31 字，乃引自《易經・乾卦・文言傳》「上下無常，非為邪也……進德修業，欲及時也」。

(三)采用《易經》概念者❶

1. 《太和篇第一》第 3 條「……雖聚散攻取百塗……」共 128 字，乃引自《易經・繫辭傳》「愛惡相攻而吉凶生，遠近相取而悔吝生」。

2. 《太和篇第一》第 16 條「……立天地之大義」共 31 字，乃引自

---

❶ 此處可寬可窄，為求嚴謹，寧窄勿寬，如「盡性」一詞，見於《易經・說卦傳》：「窮理盡性以至於命。」亦見於《禮記・中庸》：「唯天下至誠，為能盡其性。」以保守計，「盡性」一詞不算采自《易經》者，但「窮理盡性」或「窮理」與「盡性」對舉則可算入。其它如「道」、「性」、「神」、「陰陽」、「中正」等，因多見於先秦古籍，故亦不取。

《易經・歸妹卦・彖傳》「天地之大義也」。

3. 《參兩篇第二》第 17 條「天象者……風霆者……」共 14 字，乃引自《易經・繫辭傳》「在天成象」，以及「鼓之以雷霆，潤之以風雨」。

4. 《參兩篇第二》第 20 條「……物之所以成始而成終也……」共 169 字，乃引自《易經・說卦傳》「萬物之所成終而所成始也」。

5. 《天道篇第三》第 3 條「……有感必通……」共 18 字，乃引自《易經・繫辭傳》「感而遂通天下之故」。

6. 《天道篇第三》第 6 條「天之不測謂神……」共 12 字，乃引自《易經・繫辭傳》「陰陽不測之謂神」。

7. 《天道篇第三》第 7 條「運於無形之謂道，形而下者不足以言之」共 16 字，乃引自《易經・繫辭傳》「形而上者謂之道，形而下者謂之器」。

8. 《天道篇第三》第 16 條「……故能周萬物而知」共 27 字，乃引自《易經・繫辭傳》「知周乎萬物而道濟天下」。

9. 《天道篇第三》第 18 條「……得意斯得名，得名斯得象……」共 35 字，乃引自王弼《周易略例・明象》「得意在忘象，得象在忘言」。

10. 《天道篇第三》第 20 條「有天德……」共 14 字，乃引自《易經・乾卦・文言傳》「乃位乎天德」。

11. 《神化篇第四》第 1 條「神，天德……」共 17 字，乃引自《易經・乾卦・文言傳》「乃位乎天德」。

12. 《神化篇第四》第 5 條「……往來屈伸之義……」共 30 字，乃

引自《易經・繫辭傳》「往者屈也，來者信也」。

13. 《神化篇第四》第 12 條「……不測而神矣」共 19 字，乃引自《易經・繫辭傳》「陰陽不測之謂神」。

14. 《神化篇第四》第 13 條「先後天而不違……」共 48 字，乃引自《易經・乾卦・文言傳》「先天而天弗違，後天而奉天時」。

15. 《神化篇第四》第 15 條「……大成性而後聖……」共 30 字，乃引自《易經・繫辭傳》「成性存存」。

16. 《神化篇第四》第 19 條「……天德良能……」共 21 字，乃引自《易經・乾卦・文言傳》「乃位乎天德」。

17. 《誠明篇第六》第 1 條「……天德良知……」共 16 字，乃引自《易經・乾卦・文言傳》「乃位乎天德」。

18. 《誠明篇第六》第 6 條「……由窮理而盡性也……由盡性而窮理也」共 20 字，乃引自《易經・說卦傳》「窮理盡性以至於命」。

19. 《誠明篇第六》第 16 條「……盡性窮理……」共 77 字，乃引自《易經・說卦傳》「窮理盡性以至於命」。

20. 《誠明篇第六》第 17 條「……攻取之性……」共 50 字，乃引自《易經・繫辭傳》「愛惡相攻而吉凶生，遠近相取而悔吝生」。

21. 《誠明篇第六》第 19 條「盡其性能盡人物之性，至於命者亦能至人物之命……」共 56 字，乃引自《易經・說卦傳》「窮理盡性以至於命」。

22. 《誠明篇第六》第 20 條「……通晝夜之道……」共 25 字，乃引自《易經・繫辭傳》「通乎晝夜之道而知」。

23. 《誠明篇第六》第 24 條「……天德……易簡理得而成位乎天地

之中也……能悅諸心，能通天下之志之理也……」共 180 字，乃引自《易經·乾卦·文言傳》「乃位乎天德」，及《繫辭傳》「易簡而天下之理得矣，天下之理得，而成位乎其中矣」、「能悅諸心」、「能通天下之志」。

24. 《誠明篇第六》第 32 條「……盡性窮理……」共 35 字，乃引自《易經·說卦傳》「窮理盡性以至於命」。

25. 《大心篇第七》第 16 條「……窮理而謂盡性……」共 125 字，乃引自《易經·說卦傳》「窮理盡性以至於命」。

26. 《中正篇第八》第 2 條「……窮大而失其居……研幾……」共 80 字，乃引自《易經·序卦傳》「窮大者必失其居」，及《易經·繫辭傳》「聖人之所以極深而研幾也」。

27. 《中正篇第八》第 3 條「大中……」共 41 字，乃引自《易經·大有卦·象傳》「柔得尊位大中」。

28. 《中正篇第八》第 6 條「……成身成性……」共 25 字，乃引自《易經·繫辭傳》「成性存存」。

29. 《中正篇第八》第 8 條「……大中……」共 44 字，乃引自《易經·大有卦·象傳》「柔得尊位大中」。

30. 《中正篇第八》第 21 條「……精義入神……」共 33 字，乃引自《易經·繫辭傳》「精義入神，以致用也」。

31. 《中正篇第八》第 44 條「……圓神無滯」共 54 字，乃引自《易經·繫辭傳》「圓而神」。

32. 《至當篇第九》第 16 條「……聖人同乎人而無我，故和平天下，莫盛於感人心」共 31 字，乃引自《易經·咸卦·象傳》「聖人感人心而天下和平」。

33.《至當篇第九》第 22 條「立不易方……」共 10 字，乃引自《易經・恒卦・象傳》「君子以立不易方」。

34.《至當篇第九》第 23 條「安所遇而敦仁，故其愛……」共 21 字，乃引自《易經・繫辭傳》「安土敦乎仁，故能愛」。

35.《至當篇第九》第 24 條「……樂天安土……」共 32 字，乃引自《易經・繫辭傳》「樂天知命，故不憂，安土敦乎仁，故能愛」。

36.《至當篇第九》第 25 條「……成性成身……」共 58 字，乃引自《易經・繫辭傳》「成性存存」。

37.《至當篇第九》第 28 條「……天地合德……」共 48 字，乃引自《易經・乾卦・文言傳》「與天地合其德」。

38.《至當篇第九》第 34 條「……貞一……」共 18 字，乃引自《易經・繫辭傳》「貞夫一者也」。

39.《至當篇第九》第 37 條「……故不習無不利」共 15 字，乃引自《易經・坤卦》「不習無不利」。

40.《三十篇第十一》第 1 條「……精義致用……窮理盡性……」共 67 字，乃引自《易經・繫辭傳》「精義入神，以致用也」及《易經・說卦傳》「窮理盡性以至於命」。

41.《三十篇第十一》第 23 條「……盡性者方能至命……」共 48 字，乃引自《易經・說卦傳》「窮理盡性以至於命」。

42.《三十篇第十一》第 29 條「……德可久，業可大……」共 58 字，乃引自《易經・繫辭傳》「可久則賢人之德，可大則賢人之業」。

43.《樂器篇第十五》第 8 條「江沱之媵以類行而欲喪朋，故無怨，

嫡以類行而不能喪其朋……得安貞之吉,乃終有慶而其嘯也歌」
共 49 字,乃根據《易經・坤卦》「西南得朋,東北喪朋,安貞
吉」,及張載《易說》注解「江沱之間,有嫡不以其媵備數,是
不能喪朋也,遇勞而無怨,卻是能喪朋者,其卒嘯也歌,是乃終
有慶」。此疑是《易經・坤卦》注。

44. 《樂器篇第十五》第 27 條「鶴鳴而子和……」共 23 字,乃引自
《易經・中孚卦》「鶴鳴在陰,其子和之」。

45. 《乾稱篇第十七》第 1 條「乾稱父,坤稱母……知化則善述其
事,窮神則善繼其志」共 253 字,乃依據《易經》乾坤二卦及
《易經・繫辭傳》「窮神知化」。

46. 《乾稱篇第十七》第 3 條「……神可窮……化可知……」共 41
字,乃引自《易經・繫辭傳》「窮神知化」。

47. 《乾稱篇第十七》第 5 條「……乾坤……」共 52 字,乃依據
《易經》乾坤二卦。

48. 《乾稱篇第十七》第 6 條「……乾坤……」共 117 字,乃依據
《易經》乾坤二卦。

49. 《乾稱篇第十七》第 7 條「……所以妙萬物而謂之神……」共
53 字,乃引自《易經・說卦傳》「神也者,妙萬物而為言
也」。

50. 《乾稱篇第十七》第 10 條「……游魂為變……」共 344 字,乃
引自《易經・繫辭傳》「游魂為變」。

　　以上所述,提及「易」字者有 5 條,436 字,引用《易經》者
9 條,291 字,采用《易經》概念者 50 條,2828 字。共計 64 條,
3555 字。

《正蒙》與《易經》相關之總條數	《正蒙》總條數	所占比率
《正蒙》與《易經》相關之總字數	《正蒙》總字數	所占比率
64	514	12.5%
3555	21130	16.8%

至於《易經》的哪一部分為《正蒙》所引用，表列如下。

			合計
乾卦	文言傳	9	9
坤卦	卦爻辭	2	2
蒙卦	象傳	1	1
大有卦	象傳	2	2
大畜卦	象傳	1	1
咸卦	象傳	1	1
恒卦	象傳	1	2
	象傳	1	
歸妹卦	象傳	1	1
艮卦	象傳	1	1
中孚卦	爻辭	1	1
繫辭		31	31
說卦		9	9
序卦		1	1

如表所示，以《繫辭》為最多，其次則為《乾卦·文言傳》及《說卦》。此外，除《坤卦》2 條、《中孚卦》1 條為卦爻辭外，其餘絕大部分皆為《易傳》，顯示出《易傳》對《正蒙》的重要。

另外，《正蒙》引自《易經》的諸多概念中，次數在三次以上

者有：

　　1.《易經·乾卦·文言傳》「乃位乎天德」

　　2.《易經·繫辭傳》「陰陽不測之謂神」

　　3.《易經·繫辭傳》「成性存存」

　　4.《易經·繫辭傳》「精義入神」

　　5.《易經·繫辭傳》「窮神知化」

　　6.《易經·說卦傳》「窮理盡性以至於命」

這些概念反覆出現於《正蒙》與《易說》當中，在張載思想中具有相當重要性，其意義值得深入探討。

　　以上統計，依例乃以《易說》中華本為底本，且排除《正蒙》當中同於《易說》中華本的部分，因這部分已為上一段「《正蒙》採自《橫渠易說》的部分」所引用並計算。若是以《易說》明清本為考量，則《正蒙》同於《易說》中華本依《周易繫辭精義》所補部分雖不列入「《正蒙》採自《橫渠易說》的部分」，但這其中有 20 條 1067 字是與《易經》相關的，因而須列入此處「《正蒙》與《易經》相關的部分」，如此則總計有 84 條 4622 字，佔《正蒙》全書條數的 16.3%，佔全書字數的 21.9%。

三、小結

　　以上為《正蒙》與《易說》、《易經》之密切關係的討論。經由細密的比勘與計算，發現《正蒙》有四分之一與《易說》相同，與《易說》相同並與《易經》相關的部分則高達五分之二。詳見下表。

《正蒙》與《易說》相同及與《易經》相關之總條數	《正蒙》總條數	所占比率
《正蒙》與《易說》相同與《易經》相關之總字數	《正蒙》總字數	所占比率
200	514	38.9%
8996	21130	42.6%

　　若依《易說》明清本計，「《正蒙》與《易說》相同及與《易經》相關」共 194 條，8664 字，分別佔有 37.7%及 41%的比率，與依照《易說》中華本的統計結果相差無幾。

　　《正蒙》與《易說》、《易經》相同或相關這一事實，相當具有啟發性。以往對張載道學的研究，無不集中於《正蒙》一書，並多試圖從《正蒙》的篇章安排上闡發其意蘊❶。然而，《正蒙》大量取自《易說》的事實，顯示出對《正蒙》的研究應結合對《易說》的研究，亦即張載道學研究應結合《易說》一書，乃至於結合張載易學。此外，研讀《正蒙》之法，應將各條打散，而不是將其視為各篇各條皆特意安排的整體。因《正蒙》各篇乃由張載弟子蘇昞所訂定，所謂「會歸義例，略效《論語》、《孟子》，篇次章句，以類相從，為十七篇」❶。雖是「會歸義例」、「以類相從」，各篇安排確有從天道至人道之意，但既是效《論語》、《孟

---

❶　如唐君毅說：「吾以為欲見橫渠之學之全貌，宜順觀《正蒙》之書之各章次第，先得其大旨。」見唐君毅《中國哲學原論·原教篇——宋明儒學思想之發展》頁 71，新亞研究所，1975 年。又如程宜山《張載哲學的系統分析》一書，即從《正蒙》的編次上討論張載思想的內在邏輯，上海，學林出版社，1989 年。

❶　《正蒙·蘇昞序》。

子》之以各篇首句定篇名,且各條間亦缺乏邏輯性的聯結,又非張載手定,則研讀《正蒙》亦應如研讀《論語》、《孟子》一般,視為由獨立的各條所組成的著作。

　　總之,《正蒙》與《易經》尤其《繫辭傳》的關係極為密切,張載道學可謂建立在易學之上❶。如王夫之說:「張子之學,無非《易》也。」❶是故探討《正蒙》應從《橫渠易說》入手,研究張載道學應從張載易學入手。從經學至道學,從《橫渠易說》至《正蒙》,即為本書的論述主體所在。

---

❶　如朱伯崑說:「從《易說》到《正蒙》,說明張載的哲學是以其易學為基礎而發展起來的。」見朱伯崑《易學哲學史》第二卷,頁 258。龔杰對此種觀點則持異議,他認為張載之學不是易學,而是以發揮《四書》義理為主的「四書學」,見龔杰著《張載評傳》,南京大學出版社,1996 年 3月,及《張載的「四書學」》,《哲學與文化》第 24 卷第 10 期,1997年。龔杰認為,以張載之學為易學的觀點源自於王夫之的《張子正蒙注·序論》,但王夫之對張載之學的認識,是為其學術需要而成立的一家之言,如王夫之對《周易》的推崇、對朱熹的批評,及對張載之學有其取捨標準等,因而不能作為評論張載之學的基調。龔杰又認為,《橫渠易說》一書乃是張載以《四書》「性與天道」的主題來發揮易理的,此外,張載著作中以引用《四書》為多,因而張載之學是四書學。龔杰的觀點,似是而非,「性與天道」固是《四書》的主題,但亦為《周易》所闡釋,因此不能說張載是以《四書》「性與天道」的主題來發揮易理,且《正蒙》大量引自《易說》與涉及《易經》概念之多,故張載之學乃源於易學。

❶　《張子正蒙注·序論》。

第三章　張載易學
——《橫渠易說》解易探析

　　本章討論張載易學，乃從經學的立場，亦即熊十力所稱「釋經」❶的角度，分析《橫渠易說》的解易方式與特點❷。

第一節　通　論

　　張載對於《周易》一書的性質等整體性問題，雖未有專文論述，但從《橫渠易說》對《周易》的注解當中可以窺見。因《橫渠易說》在體例上雖是依經解義，然其中有許多闡發引申的部分，前後反復，互相發明，即可略曉其旨。以下分四方面討論：其一是論《周易》的性質，包括《易傳》為聖人所作、讀《易》之法、易本天道而歸於人事、易為君子謀等；其二是論卦爻，涉及卦爻之用及

---

❶　熊十力說：「有釋經之儒，以注解經書為業，如治訓詁名物等等者
　　是。……有宗經之儒，雖宗依經旨，而實自有創發，自成一家之學。」見
　　《讀經示要》頁 435。

❷　現今許多有關張載或道學的研究，雖題名為某某易學研究，究其實僅討論
　　其易學中的道學問題，至於其依經解義的部分，則毫無涉及，如余敦康
　　《內聖外王的貫通——北宋易學的現代闡釋》一書。

作為六十四卦之門戶的乾坤二卦；其三是論占筮；其四是論筮數。

一、論《周易》的性質

㈠《易傳》為聖人所作

自古以來，《周易》一書被視為聖人所作，有所謂「易歷三聖」之說，如《漢書‧藝文志》：「《易》曰，宓戲氏仰觀象於天，俯觀法於地，觀鳥獸之文，與地之宜，近取諸身，遠取諸物，於是始作八卦，以通神明之德，以類萬物之情。至於殷周之際，紂在上位，逆天暴物，文王以諸侯順命而行道，天人之占可得而效。於是重易六爻，作上下篇。孔氏為之《彖》、《象》、《繫辭》、《文言》、《序卦》之屬十篇。故曰易道深矣，人更三聖，世歷三古。」❸這種以伏羲氏畫八卦，文王演為六十四卦並作卦爻辭，孔子作十翼的《周易》成書史觀，較張載略長的歐陽修（1007-1072）曾提出質疑，以為《易傳》除《彖》、《象》外，其餘皆非孔子所作❹。儘管如此，「易歷三聖」之說仍廣為古代學者所持守，張載亦認為《周易》經傳乃聖人所作，如張載說：

> 《繫辭》所舉易義，是聖人議論到此，因舉易義以成之，亦
> 是人道之大且要者也。❺

---

❸　中華書局本。

❹　如歐陽修說：「問曰，《繫辭》非聖人之作乎？曰，何獨《繫辭》焉，《文言》、《說卦》而下，皆非聖人之作，而眾說淆亂，亦非一人之言也。」見《歐陽文忠集》卷76，《易童子問》，《四部備要》本。

❺　《橫渠易說‧繫辭》。

此言《繫辭》為聖人所作。至於對《序卦》的看法，張載認為「《序卦》無足疑」❻，並說：

> 《序卦》不可謂非聖人之蘊。今欲安置一物，猶求審處，況聖人之於易。其間雖無極至精義，大概皆有意思。❼

《序卦》是對六十四卦編排次序的分析，張載以為就像安放物件要考慮其位置一般，「聖人作易，須有次序」❽，聖人作易也是會審思各卦的次序，因此《序卦》亦是聖人之意蘊。

整體而言，張載認為《周易》乃是「聖人與人撰出一法律之書，使人知所向避，易之義也」❾。

㈡讀《易》之法

張載於《易》，重在義理，因而其讀《易》之法強調《繫辭》對理解易道的重要性，這也表明張載以傳解經的立場。張載說：

> 欲觀易先當玩辭，蓋所以說易象也。不先盡《繫辭》，則其觀於易也，或遠或近，或太艱難。不知《繫辭》而求易，正猶不知禮而學《春秋》也。❿

---

❻　《橫渠易說·序卦》。

❼　《橫渠易說·序卦》。

❽　《橫渠易說·序卦》。

❾　《橫渠易說·繫辭上》，「易與天地準，故能彌綸天地之道」注解。

❿　《橫渠易說·繫辭》。

又說：

> 《繫辭》所以論易之道，既知易之道，則易象在其中，故觀
> 易必由《繫辭》。⓫

《繫辭》在《易傳》中義理最為深邃，張載認為《繫辭》闡釋易道，明易之所以為易，使人能恰如其份的理解易道，故「觀易必由《繫辭》」。

㈢易本天道而歸於人事

「易本天道而歸於人事」的觀點，本出自《易傳》。在古代以傳解經和經傳不分的易學傳統下，這個觀點普遍受到認同，尤其是易學中的義理學派。《周易》由陰陽組成八卦，再由八卦錯綜成六十四卦。按《繫辭》所言，伏羲氏近取諸身，遠取諸物，觀象於天，觀法於地，而作八卦。八卦所象，《象傳》中以乾為天，坤為地，巽為風，震為雷，坎為水，離為火，艮為山，兌為澤，並以此八種自然現象解釋六十四卦，可以說六十四卦乃本於天道而作。《繫辭》也有「易與天地準，故能彌綸天地之道」、「範圍天地之化而不過，曲成萬物而不遺」、「言乎天地之間則備矣」、「聖人有以見天下之賾，而擬諸其形容，象其物宜，是故謂之象」、「天地變化，聖人效之」、「天垂象，見吉凶，聖人象之」等語，反覆說明易之本於天道。至於歸於人事，《說卦》有言曰：「昔者聖人之作易也，將以順性命之理，是以立天之道曰陰與陽，立地之道曰

⓫　《橫渠易說·繫辭》。

柔與剛，立人之道曰仁與義。」此則歸於人事。又如《象傳》對六十四卦的解釋，可分為前後兩部分，前者以八種自然現象為基礎來解釋，後者則引申至人事，如《乾卦·象》曰：「天行健，君子以自強不息。」此是以天這一自然現象解釋乾卦，並引申說君子應該像天運行一般自強勤勉。此外，解釋乾坤兩卦的《文言》亦是從道德人事的觀點解釋卦爻，如《乾卦·文言》：「元者，善之長也；亨者，嘉之會也；利者，義之和也；貞者，事之幹也。君子體仁足以長人，嘉會足以合禮，利物足以和義，貞故足以幹事。」

　　張載亦是以為易本於天道而歸於人事。他從對「易」字的解釋，來說明易本於天道：「易乃是性與天道，其字日月為易，易之義包天道變化。」❷此以日月的運行過程為天道。張載認為天與人之間是有聯繫的，易所論在天道，則是與人事一併而論。張載說：

　　　天人不須強分，易言天道，則與人事一滾論之，若分別則只
　　　是薄乎云爾。自然人謀合，蓋一體也，人謀之所經畫，亦莫
　　　非天理。❸

此言天道和人道有共同處，所以周易將天道同人事統而論之，天道的變化與人謀自然相合，人之謀畫皆順從天理，此即天人一體。又說：

---

❷　《橫渠易說·繫辭上》，「乾坤其易之縕邪……則乾坤或幾乎息矣」注解。

❸　《橫渠易說·繫辭下》，「變化云為，吉事有祥……人謀鬼謀，百姓與能」注解。

易即天道，獨入於爻位繫之以辭者，此則歸於人事。……因爻有吉凶動靜，故繫之以辭，存乎教誡，使人動則觀其變而玩其占，其出入以度，內外使知懼。❶❹

此即易本天道而歸於人事之意。《周易》是陰陽二氣變易的法則，故易即天道，而爻有吉凶動靜，繫之以辭，予人以告誡，使人知憂患而有所進退。

易論人事，張載認為其意在告誡。易有六十四卦三百八十四爻，每條易象，皆有辭繫於其下，乃「切於人事言之，以示勸戒」❶❺，「當如何時，如何事，如何則吉，如何則凶，宜動宜靜，丁寧以為告戒」❶❻。故易之卦爻辭皆歸於人事，作為告誡，使人能知所趨避。

張載又舉《繫辭》，以作為論天道也論人事之例證：「《繫》之為言，或說易書，或說天，或說人，卒歸一道，蓋不異術，故其參錯而理則同也。」❶❼又以《繫辭》舉九卦為例，認為此九卦乃言人之德，故可知《繫辭》之歸於人事：「《繫辭》獨說九卦之德者，蓋九卦之為德，切於人事。」❶❽按《繫辭》以履、謙、復、恒、損、益、困、井、巽九卦之卦義，說明作易者之憂患，皆從道德人事的立場出發以立論。

---

❶❹　《橫渠易說·繫辭上》，「易與天地準，故能彌綸天地之道」注解。

❶❺　《橫渠易說·繫辭上》，「繫辭焉，所以告也」注解。

❶❻　《橫渠易說·繫辭下》，「因貳以濟民行」注解。

❶❼　《橫渠易說·繫辭上》，「鼓萬物而不與聖人同憂」注解。

❶❽　《橫渠易說·繫辭下》，「履，德之基也……巽以行權」」注解。

總之，易本天道而歸於人事，張載說：

> 不見易，則不識造化。不識造化，則不知性命。既不識造
> 化，則將何謂之性命也。❶⑨

知易即知天道，知天道則知性命，知性命則知人之所當為，此即通
天道人事為一。

㈣易為君子謀

　　易學史上的義理學派，多不將《周易》的占筮視為向神靈的卜
問，而是依據卦爻辭闡發義理，來解決人事的疑惑，以斷定吉凶，
故義理學派往往視《周易》為聖人的教誡。張載進一步有「易為君
子謀」的觀點，認為《周易》是教導人們在面臨各種情況下，如何
具有君子的品德：

> 易為君子謀，不為小人謀，故撰德於卦，雖爻有小大，及繫
> 辭其爻，必喻之以君子之義。❷⓪

即卦爻辭皆喻以君子之義，也就是以道德的角度來解釋卦爻。張載
又說：「言易於人事終始悉備，行善事者，易有祥應之理。萌兆之

---

❶⑨　《橫渠易說·繫辭上》，「乾坤其易之縕邪……則乾坤或幾乎息矣」注
　　解。

❷⓪　《橫渠易說·繫辭下》，「其初難知……則思過半矣」注解。

事，而易具著見之器。疑慮而占，則易示將來之驗。」**㉑**即易悉備人事變易之道，事變之苗頭皆見之於卦爻畫中，行善事者，依其變易之理而行，必吉，故易能預知未來之事。

二、論卦爻

㈠論卦爻

《周易》經文由卦象與卦爻辭所組成，共有六十四個卦象，六十四條卦辭與三百八十四條爻辭。《易》本卜筮之書，占筮所得之卦乃在表示吉凶等象，如張載說：「吉凶、變化、悔吝、剛柔，易之四象歟。」**㉒**又說：「吉凶者，失得之著也；變化者，進退之著也；設卦繫辭，所以示其著也。」**㉓**故設卦繫辭即為顯示吉凶變化之象。又一卦由六爻所組成，六爻的變化亦顯示著天人之道，故張載說：「六爻盡利而動，所以順陰陽、剛柔、仁義、性命之理也，故曰『六爻之動，三極之道也』。」**㉔**此為論卦爻。

㈡論乾坤二卦

乾坤二卦列於六十四卦之首，其重要性在其他諸卦之上。張載以乾坤為「易之門戶」**㉕**，與《繫辭》同一觀點，並以為「乾坤立

㉑ 《橫渠易說·繫辭下》，「變化云為，吉事有祥，象事知器，占事知來」注解。

㉒ 《橫渠易說·繫辭上》，「吉凶者，失得之象也；悔吝者，憂虞之象也；變化者，進退之象也；剛柔者，晝夜之象也」注解。

㉓ 《橫渠易說·繫辭上》，「吉凶者，失得之象也；悔吝者，憂虞之象也；變化者，進退之象也；剛柔者，晝夜之象也」注解。

㉔ 《橫渠易說·繫辭上》，「六爻之動，三極之道也」注解。

㉕ 《橫渠易說·繫辭上》，「天尊地卑，乾坤定矣」注解。

則方見易」❷⁶，「乾坤毀則無以見易」❷⁷。張載又說：「非乾坤簡易以立本，則易不可得而見也。」❷⁸可見乾坤二卦在《周易》中的獨特性。《象傳》中以乾為天，坤為地，天地為萬物之始，故六十四卦以乾坤為首。乾坤二卦中，乾卦又較坤卦為重要，「乾發揮遍被於六十四卦，各使成象」❷⁹，則乾較坤又更為基本，乃萬象根本。

　　《周易》不言天地而言乾坤，張載認為其意在於天地是具體的而乾坤是抽象的，由於抽象之物外延較廣，故「不曰天地而曰乾坤，言天地則有體，言乾坤則無形」❸⁰，「乾坤則所包者廣」❸¹，所指涉的較具體實物為廣。

　　乾坤以言天地，天地既為萬物之始，故六十四卦皆為乾坤二卦衍生而來，張載說：

　　　　乾坤既列，則其間六十四卦爻位錯綜以為變易。❸²

又說：

---

❷⁶　《橫渠易說·繫辭上》，「天尊地卑，乾坤定矣」注解。

❷⁷　《橫渠易說·繫辭上》，「乾坤其易之縕邪……則乾坤或幾乎息矣」注解。

❷⁸　《橫渠易說·繫辭下》，「夫乾，天下之至健……夫坤，天下之至順也」注解。

❷⁹　《橫渠易說·乾卦·象》

❸⁰　《橫渠易說·乾卦》。

❸¹　《橫渠易說·繫辭上》，「天尊地卑，乾坤定矣」注解。

❸²　《橫渠易說·繫辭上》，「乾坤其易之縕邪……則乾坤或幾乎息矣」注解。

> 蓋卦本天道，三陰三陽一升一降而變成八卦，錯綜為六十
> 四，分而有三百八十四爻也。**㉝**

易的變易法則即陰陽二氣變易之法，故曰易即天道。八卦乃依據天
道即二氣變易的法則而形成，乾坤兩卦之象，三陰三陽，即效法陰
陽二氣，陰氣上升，陽氣下降，乾坤兩卦中的剛柔爻位上下互易，
成為其他六卦。八卦相錯，成為六十四卦，分為三百八十四爻。

　　易言三才，以天道論之，乾坤為陰陽；以地道論之，乾坤為剛
柔；以人道論之，乾坤為仁義。故乾坤為易之本，本立方可以之觀
時應變，識造化，張載說：「陰陽、剛柔、仁義之本立，而後知趨
時應變。」**㉞**又說：「不見易則何以知天道，不知天道則何以語
性。」**㉟**此亦通天道人事為一之意。

　　以上為論乾坤二卦。

三、論占筮

　　《易》本為卜筮之書，故占筮是《周易》的一部分，對占筮的
討論在歷代易學中亦佔有一席之位。周人卜問吉凶，其方法有龜卜
與占筮兩種。龜卜是將龜甲或獸骨鑽孔火烤，所出現的裂紋為卜，
據以推斷人事吉凶；占筮則是以蓍草數目的變化形成一卦，依卦象
及卦辭推斷吉凶。以龜甲或蓍草為占筮工具，張載認為在於它們無

㉝　　《橫渠易說·繫辭上》，「易與天地準，故能彌綸天地之道」注解。
㉞　　《橫渠易說·繫辭上》，「乾坤其易之縕邪……則乾坤或幾乎息矣」注解。
㉟　　《橫渠易說·繫辭上》，「乾坤其易之縕邪……則乾坤或幾乎息矣」注解。

心，無心故不可測，以之為占，唯有任其自然，他說：

> 人於龜策無情之物，不知其將如何，惟是自然，莫或使之然
> 者，陰陽不測之類也。❸

龜策無情之物，人不知其將如何，亦如易之為占，在於「易無思無
為，受命乃如響」❸。

《周易》作為卜筮之書，所以能預知未來事變，張載認為是由
於卦爻象變易的法則和卦爻辭所講的變易之理，具有普遍的規律
性，適用於過去與未來，張載說：

> 數往順，知來逆，易逆數。如《孟子》曰苟求其故，則千歲
> 之日至，可坐而致也。❸

此以知來為逆，認為懂得變易的法則，即如同《孟子》所說懂得節
氣變易的法則，可以預知千年以後的日至時間一樣。張載又說：
「極數知來，前知也。前知其變，有道術以通之。」❸此言預知未
來的變化，在於掌握變易的法則。

---

❸　《橫渠易說・繫辭上》，「以言者尚其辭，以動者尚其變，以制器者尚其
　　象，以卜筮者尚其占」注解。
❸　《橫渠易說・繫辭上》，「易無思也，無為也，寂然不動，感而遂通天下
　　之故，非天下之至神，其孰能於此」注解。
❸　《橫渠易說・說卦》，「數往者順，知來者逆，是故易，逆數也」注解。
❸　《橫渠易說・繫辭上》，「極數知來之謂占」注解。

　　張載對占筮的觀點，並不以占筮為向鬼神卜問禍福的信仰，他說：「占非卜筮之謂，但事在外可以占驗也，觀乎事變，斯可以占矣。」❹張載所謂的占，並非卜筮之義，而是以占驗為占，則是不以龜蓍為向神明禱問之物。

四、論筮數

　　《周易》的占筮方法，是以五十根蓍草為工具，揲筮成卦，再依卦觀辭以斷吉凶。因此，就發生先後而言，蓍數在卦之前，有數方成卦。《周易》對筮法的論述，主要在《繫辭》「大衍之數」章，此章「明占筮之法，揲蓍之體，顯天地之數，定乾坤之策」❹。歷來諸家易說對此章的解釋，歧異頗大，有必要予以討論。「大衍之數章」言：

> 大衍之數五十，其用四十有九。分而為二以象兩，掛一以象
> 三，揲之以四以象四時，歸奇於扐以象閏。五歲再閏，故再
> 扐而後掛。天數五，地數五，五位相得而各有合。天數二十
> 有五，地數三十，凡天地之數五十有五。此所以成變化而行
> 鬼神也。乾之策二百一十有六，坤之策百四十有四，凡三百
> 有六十，當期之日。二篇之策，萬有一千五百二十，當萬物
> 之數也。是故四營而成易，十有八變而成卦，八卦而小成。
> 引而申之，觸類而長之，天下之事能畢矣。顯道，神德行，

---

❹　《橫渠易說·繫辭上》，「動則觀其變而玩其占」注解。

❹　《周易正義》卷7，《十三經注疏》本，浙江古籍出版社，1998 年。

是故可與酬酢，可與祐神矣。

以下，舉張載注解此章之要點二項。

(一)以「參天兩地」釋「大衍之數五十」

《周易正義》：「五十之數，義有多家，各有其說，未知孰是。」 ❷可見眾說紛紜。《正義》所錄諸家說法如下。

● 京房云：「五十者，謂十日，十二辰，二十八宿也，凡五十。其一不用者，天之生氣，將欲以虛來實，故用四十九焉。」

● 馬融云：「易有太極，謂北辰也。太極生兩儀，兩儀生日月，日月生四時，四時生五行，五行生十二月，十二月生二十四氣。北辰居位不動，其餘四十九轉運而用也。」

● 荀爽云：「卦各有六爻，六八四十八，加乾坤二用，凡有五十。乾初九潛龍勿用，故用四十九焉。」

● 鄭玄云：「天地之數五十有五，以五行氣通。凡五行減五，大衍又減一，故四十九也。」（按，此乃以天地之數釋大衍之數）

● 姚信、董遇云：「天地之數五十有五者，其六以象六畫之數，故減之而用四十九。」（按，此乃以天地之數釋大衍之數）

● 王弼云：「演天地之數，所賴者五十也。其用四十有九，則其一不用也。不用而用之以通，非數而數以之成，斯易之太極也。」

又據《周易集解》❸，可得崔憬及李鼎祚本人按語如下。

● 崔憬云：「按《說卦》云，昔者聖人之作易也，幽贊於神明
而生蓍，參天兩地而倚數。既言蓍數，則是說大衍之數也。
明倚數之法，當參天兩地。參天者，謂從三始，順數而至
五、七、九，不取於一也。兩地者，謂從二起，逆數而至
十、八、六，不取於四也。此因天地致上以配八卦而取其數
也。艮為少陽，其數三；坎為中陽，其數五；震為長陽，其
數七；乾為老陽，其數九；兌為少陰，其數二；離為中陰，
其數十；巽為長陰，其數八；坤為老陰，其數六。八卦之
數，總有五，故云大衍之數五十也。」

● 李鼎祚云：「天地之數五十有五⋯⋯既云五位相得而各有
合，即將五合之數配屬五行也，故云大衍之數五十也。其用
四十有九者，更減一以並五，備設六爻之位，蓍卦兩兼，終
極天地五十五之數也。」（按，此乃以天地之數釋大衍之數）

各家說法各有不同，但其中多以「天地之數五十有五」來解釋「大
衍之數五十」，如鄭玄、姚信、董遇、李鼎祚等。近人金景芳另有
看法，以為大衍之數應為五十五而非五十，他說：「『大衍之數五
十』有脫文，當作『大衍之數五十有五』，脫『有五』二字。大衍
之數，即下文『成變化而行鬼神』之『天地之數』。」❹此見解雖
與古人不同，但亦是從「天地之數」來解釋「大衍之數」。

---

❸　卷 14，《四庫全書》本。

❹　見金景芳《學易四種》頁 56，《易通》，吉林文史出版社，1987 年。此
　　說高亨從之，見高亨《周易大傳今注》頁 524，齊魯書社，1983 年。

　　張載釋「大衍之數五十」，則不從「天地之數五十有五」來解釋，而是以「參天兩地」來解釋大衍之數。「參天兩地」見於《說卦》：「昔者聖人之作易也，幽贊於神明而生蓍，參天兩地而倚數，觀變於陰陽而立卦。」可知此亦有關占筮。張載注「參天兩地」說：

　　　　地所以兩，分剛柔男女而效之，法也；天所以參，一太極兩儀而象之，性也。**❹**

張載注「大衍之數五十」則說：

　　　　極（兩兩），是為天三。數雖三，其實一也，象成而未形也。地（兩兩），剛亦效也，柔亦效也。（七離九。六坎八。）**❹**

以上兩者相互對照，則知「極（兩兩）」即指「一太極兩儀」，即「是為天三」；「地（兩兩）」即「地所以兩」。故天為三，地為二。張載又說：

　　　　參天兩地，五也。（一地兩，二也。三地兩，六也，坤用。五地兩，十也。一天三，三也。三天三，九也，乾用。五天三，十五也。凡三五乘天地之數，總四十有五，並參天兩地自然之數之五，共五十。虛太極之

❹　《橫渠易說·說卦》，「參天兩地而倚數」注解。
❹　《橫渠易說·繫辭上》，「大衍之數五十」注解。

· 81 ·

一，故為四十有九。）**❹**

此即以《說卦》「參天兩地」解釋「大衍之數」。地兩為二，乘三
為六，乘五為十；天參為三，乘三為九，乘五為十五，此即「三五
乘天地之數」。天之數為三、九、十五，地之數為二、六、十，兩
者相合為四十有五。此四十五之數再加上參天兩地之五，共為五
十，此即「大衍之數五十」。此五十數中，其一為太極之數，去此
太極之一，則為四十有九，此即「其用四十有九」。

　　至於「其用四十有九」，歷來有種種解釋，如馬融「北辰居位
不動，其餘四十九轉運而用也」、荀爽「乾初九潛龍勿用，故用四
十九焉」、王弼「其用四十有九，則其一不用也……斯易之太極
也」等說法。張載以「虛太極之一」來解釋，即大衍之數五十去除
不用之太極而為四十九，與王弼說同。然張載又說：

　　　　「大衍之數五十，其用四十有九」，天地之數也，一固不為
　　　用。**❹**

此處則以天地之數之「天一」為不用之一。《繫辭》：「天一，地
二，天三，地四，天五，地六，天七，地八，天九，地十。」天數
一、三、五、七、九，其和為二十五；地數二、四、六、八、十，
其和為三十。天數之和與地數之和相加，則為五十五，故曰「天地

---

❹　《橫渠易說·繫辭上》，「大衍之數五十」注解。
❹　《橫渠易說·繫辭上》，「大衍之數五十」注解。

之數五十有五」。此處張載以「天一」不為用來解釋「大衍之數五十，其用四十有九」，則與先前以「太極」為不用之一略有不同。朱伯崑認為，張載以不用之一指「天一」，此說乃出於劉牧，邵雍亦有此觀點。張載認為「天混然一物，無有終始首尾，其中何數之有」❹，「天一」表示天處於混然不分的狀態，所以為一。此混然不分的狀態，無數可說，此即「一固不用」。❺

　　應提及的是，關於「參天兩地」的解釋，各家說法亦不盡相同。據《周易正義》，馬融、王肅等乃據「天數五，地數五，五位相得而各有合」來解釋，以一、三、五為參天，以二、四為兩地。《韓注》：「參，奇也；兩，耦也。七、九，陽數；六、八，陰數。」❺這是以參為奇數，以兩為偶數。《孔疏》：「此倚數生數，在生蓍之後，立卦之前，明用蓍得數而布以為卦，故以七、八、九、六當之。七九為奇，天數也；六、八為耦，地數也。故取奇於天，取耦於地，而立七、八、九、六之數也。何以參兩為目奇耦者？蓋古之奇耦亦以三兩言之，且以兩是耦數之始，三是奇數之初故也。」❺按，這是把一至五看作生數，而生數止於五，以此為本，加一為六，加二為七，加三為八，加四為九，而六、七、八、九的蓍數由是而成，謂之成數。此成數皆因生數而立，故稱倚數。但無論是以一、三、五為參天，二、四為兩地，或是以參為奇數，兩為偶數，皆有異於張載以參天為三，地兩為二的解釋。

---

❹　《橫渠易說・繫辭上》，「大衍之數五十」注解。

❺　見《易學哲學史》第二卷，頁 286。

❺　《周易正義》卷 7。

❺　《周易正義》卷 7。

㈡以宇宙生化釋「天數五，地數五，五位相得而各有合」

　　《韓注》解「五位相得而各有合」，曰：「天地之數各五，五數相配，以合成金、木、水、火、土。」《孔疏》：「若天一與地六相得，合為水；地二與天七相得，合為火；天三與地八相得，合為木；地四與天九相得，合為金；天五與地十相得，合為土也。」❸此是將五行配於其中。張載的解釋則帶有宇宙生化論的意味，他說：

> 　　參天兩地，此但天地之質也，通其數為五。乾坤正合為坎離，坎離之數當六七，精為日月，粗為水火，坎離合而後萬物生。得天地之最靈為人，故人亦參為性，兩為體，推其次序，數當八九。八九而下，土其終也，故土之為數終於地十。……陽極於九，陰終於十，數乃成，五行奇耦乃備。❹

　　《說卦》的「參天兩地」，即張載所謂「天地之質」，其數為五，即一、二、三、四、五。其中天數有三，故曰參天，為一、三、五；地數有二，故曰兩地，為二、四。須注意的是，此處的「參天兩地」，指天數為一、三、五，地數為二、四，與前述以「參天兩地」釋「大衍之數五十」的以天為三，以地為二，是有所不同的。

　　此處張載以數的順序結合卦的形成次序，來說明五行與萬物的發生過程。一、二、三、四、五為天地之數，其中天數為一、三、

❸　　《周易正義》卷7。

❹　　《橫渠易說·繫辭上》，「五位相得而各有合」注解。

五，地數為二、四，這也是陰陽二氣之數，在五行形成之前，表示天地和陰陽二氣先於萬物存在。就卦象說，此數為乾坤兩卦之數，故乾坤為諸卦之首。所謂「乾坤正合為坎離」，朱伯崑稱此乃本於漢易卦變說，特別是虞翻的卦變說，而配以五行之數❺。乾卦二五爻居坤卦二五之位則為坎卦，坤卦二五爻居乾卦二五之位則為離卦，正合指二五爻位互易。至於「坎離之數當六七」，是指六七乃五行之成數，坎離次於乾坤兩卦，故以六七之數當之。坎離兩卦，就其所取之物象說，坎為月，離為日，此是就其精者而言；就其粗者而言，坎為水，離為火。坎離二卦相交，又形成其他各卦，表示日月水火相交而後生出萬物。「得天地之最靈為人」，人為萬物之最靈，以天參為性，以地兩為形體，就萬物形成的次序而言，人當五行成數中之八九。至於地十之數，則以土當之，因為土居五行中之終位。朱伯崑認為，張載的說法貫穿著一個觀點，「即以其成卦的先後順序，解釋萬物形成的順序；以五行之生數和成數的順序，說明先有天地，後有日月水火，而後有萬物，而後有人。顯然，這是對漢唐以來的宇宙論的發揮，也是周敦頤太極圖說中宇宙論的繼續」❻。

第二節　易　例

就《易經》的注解而言，體例的運用與創發，是其主要內容。

---

❺　《易學哲學史》第二卷，頁 302-303。

❻　《易學哲學史》，第二卷，頁 302-303。

由於《橫渠易說》除注解《繫辭》較詳細外，其餘皆相當簡略，「往往經文數十句中一無所說，末卷更不復全載經文，載其有說者而已」❺⑦，易例的討論相對地較為簡約。以下所引依《橫渠易說》中華本，分《周易》「經文」與「傳文」兩部分敘述。

一、釋《周易》「經文」——釋卦名

㈠取義說

1.引《序卦》釋卦名

「益而不已必決，故受之以夬。」（夬）

「姤者，遇也。物相遇而後聚，故受之以萃。」（萃）

「萃者，聚也。聚而上升者謂之升，故受之以升。」（升）

「升而不已必困，故受之以困。」（困）

2.依《彖傳》義釋卦名

「柔得盛位，非所固有，故曰大有。」（大有）按，彖曰：「柔得尊位。」

「坎取其險，故重之而其險乃著也。」（習坎）按，彖曰：「習坎，重險也。」

「咸，感也。」（咸）按，彖曰：「咸，感也。」

3.依卦名字義釋卦名

「蒙，昏蒙也。」（蒙）

「憂患內萌，蠱之謂也。」（蠱）

(二)取象說——依《大象傳》義釋卦名

「雲雷皆是氣之聚處，屯，聚也。」（屯[坎上震下]）按，象曰：「雲雷屯。」

「隱高於卑，謙之象也……又言地中有山，謙。夫山者崇高之物，非謙而何。」（謙[上坤下艮]）按，象曰：「地中有山，謙。」

「山下有雷，畜養之象。」（頤[艮上震下]）按，象曰：「山下有雷。」

「克己反禮，壯莫甚焉，故易於大壯見之。」（大壯[震上乾下]）按，象曰：「雷在天上，大壯，君子以非禮弗履。」

「家道之始，始諸飲食烹飪，故曰風自火出。」（家人[巽上離下]）按，象曰：「風自火出，家人。」

(三)取義兼取象

「靜之動也無修息之期，故地雷為卦。」（復[坤上震下]）按，坤之象為地，震之象為雷，此為取象；坤之義為靜，震之義為動，此為取義。

「无妄，雷行天動也，天動不妄，故曰无妄。」（无妄[乾上震下]）按，乾之象為天，震之象為雷，此為取象；以不妄為无妄，乃《序卦》義。

二、釋《周易》「經文」——釋卦辭

(一)爻位說

1.相應

所謂相應，指一卦中上下體相對應，即初與四，二與五，三與上，其位相應。

「艮其背至近於人也，然且不見，以其上下無應也。」（艮）按，艮卦上下二體皆為艮卦，艮卦初爻與二爻為陰，三爻為陽，上下體無應，故曰上下無應。

㈡引經典、史事、人物

「乾之四德，終始萬物，迎之不見其首，隨之不見其後。」（乾）按，迎之隨之二句乃引《老子》第十四章語。

「江沱之間，有嫡不以其媵備數……媵遇勞而無怨……其卒嘯也歌……江有沱，有汜，有渚……之子歸，自嫡也；不我與，不我過，皆言其始之不均一也。」（坤）按，此乃出自《毛詩·國風·召南》：「江有汜，之子歸，不我以。不我已，其後也悔。江有渚，之子歸，不我與。不我與，其後也處。江有沱，之子歸，不我過。不我過，其嘯也歌。」[58]

「禮聞取道義於人，不聞取其人之身。來之為言，屬有道義者謂之來。來學者，就道義而學之，往教者，致其人而取教也。」（蒙）按，此乃取自《禮記·曲禮上》：「禮聞取於人，不聞取人。禮聞來學，不聞往教。」[59]

「丈人剛過，太公近之。……太公則必待誅紂時。」（師）按，此乃指姜子牙。

「子欲居九夷，未敢必天下之無邦，或夷狄有道，於今海上之國儘有仁厚之治者。」（否）按，此典乃出自《論語·子罕》：「子欲居九夷。或曰，陋，如之何？子曰，君子居之，何陋之

---

[58]　《毛詩正義》卷1之5，《十三經注疏》本。

[59]　《禮記正義》卷1，《十三經注疏》本。

有。」⑥

　　「泰之三曰，無平不陂，無往不復。」（臨）按，此乃引其他爻辭。

　　「子路禮樂文章未足盡為政之道，以其重然諾，言為眾信，故片言可以折獄。」（噬嗑）按，此典乃出自《論語·先進》：「子路、曾晳、冉有、公西華侍坐。子曰，以吾一日長乎爾，毋吾以也。居則曰，不吾知也。如或知爾，則何以哉？子路率爾而對曰，千乘之國，攝乎大國之間，加之以師旅，因之以饑饉，由也為之，比及三年，可使有勇，且知方也。夫子哂之。……曾晳曰，夫子何哂由也？曰，為國以禮，其言不讓，是故哂之。」⑥及《論語·顏淵》：「子曰，片言可以折獄者，其由也與，子路無宿諾。」⑥

三、釋《周易》「經文」──釋爻辭

㈠爻位說

　　一卦六畫，各畫在一卦中所居位置條件的不同，相互間的關係亦隨之變化，由此以解釋爻辭所言吉凶，即為爻位說。

　　1.當位

　　所謂當位，或稱正位，指一卦六畫的初三五為陽位，二四上為陰位，陰爻居於陰位者與陽爻居於陽位者為當位或得正，反之則為不當位或不得正。當位之爻象其爻辭為吉，不當位之爻象其爻辭為

---

⑥　　《論語注疏》卷9，《十三經注疏》本。

⑥　　《論語注疏》卷11。

⑥　　《論語注疏》卷12。

不吉。《橫渠易說》運用當位說者如下。

「以陽居陰，故曰在淵，位非所安，故或以躍。」（乾·九四）

「六三以陰居陽……不可有其成功，故無成乃有終也。」（坤·六三）

「履非正則不能固於一也。」（蒙·九二）

「以陰居陽……必有悔吝，故曰無成。」（訟·六三）

「陰柔之質，履不以正，以此帥眾，固不能一。」（師·六三）

「柔居盛位，見犯乃較，故無咎。」（師·六五）

「以陰居陰，其體不躁，故曰有孚。」（小畜·六四）

「陽居陰，故不自肆，常自危也。」（履·九四）

「履非其位，非知恥者也。」（否·六三）

「以陽處陰，有應於下，故雖有所命無咎也。」（否·九四）

「體柔居正，故以謙獲譽……故曰貞吉。」（謙·六二）

「六二以陰居陰……故其介如石。」（豫·六二）

「以陽居陰，利於比三則凶也。」（隨·九四）

「以柔居陰，失之太柔，故吝。」（蠱·六四）

「以陰居陰……可以無咎。」（臨·六四）

「以陰居陰。」（賁·六四）

「所處非位，非頻蹙自危，不能無吝。」（復·六三）

「以陰居陽……災之甚者。」（无妄·六三）

「體順位陰，得頤之正。」（頤·六四）

「四五俱得陰陽之正。」（習坎·六四、九五）

「處恒非位則功無以致。」（恒‧九四）

「得位之正。」（遯‧九三）

「以陽居陽，正也。」（大壯‧九三）

「六五以陰處陽，羊喪之象也。」（大壯‧六五）

「體陽在進，反據陰位，故動止皆失。」（晉‧九四）

「位不當必有悔，獲吉則悔亡。」（晉‧六五）

「柔順在位，故能長保其富。」（家人‧六四）

「位不當則所履者邪。」（解‧九四）

「以陽居陰，剛德已損。」（損‧九二）

「以陰居陰。」（益‧六四）

「九三以陽居陽。」（夬‧九三）

「九五以中正剛健。」（姤‧九五）

「履非不正，故無咎。」（萃‧九五）

「以陽履柔，故有終。」（困‧九四）

「以陽居陽，處困以剛。」（困‧九五）

「以陽居陽。」（鼎‧九三）

「處非其地，故危困不一。」（震‧六三）

「以陰居陰。」（豐‧六二）

「居得位。」（旅‧六二）

「以陽居陽。」（旅‧九三）

「以陽居陰。」（旅‧九四）

「以陽居陰。」（巽‧九二）

「體柔位陰。」（節‧九二）

「處非其位，失節也。」（節‧六三）

「居柔。」（中孚 · 六四）

「居陽以剛。」（小過 · 九三）

「以陽居陰。」（小過 · 九四）

「九三以陽居陽。」（既濟 · 九三）

2.中位

　　所謂中位，指一卦中的二爻與五爻，各居上下卦之中間，或稱用中。即使此爻不當位，但居中位，則此爻辭為吉，若當位，則更為吉利。《橫渠易說》曰：「初上終始，三四非貴要之用，非內外之主，中爻以要存亡吉凶。如困卦貞大人吉無咎，蓋以剛中也。小過小事吉，大事凶，以柔得中之類。」❽即言中爻在爻位中的重要。《橫渠易說》運用中位說者如下。

「九二以下卦之中主卦德，故曰子克家。」（蒙 · 九二）

「九二以剛居中，故能包蒙而吉。」（蒙 · 九二）

「以剛居中而顯明比道，伐止有罪。」（比 · 九五）

「體順用中。」（豫，六二）

「處中用巽……得剛柔之中也。」（蠱 · 九二）

「柔中之德。」（賁 · 六五）

「性順位中。」（復 · 六五）

「位中也。」（大畜 · 九二）

「柔順履中。」（明夷 · 六五）

「守正居中。」（睽 · 九二）

「剛中之德，為物所歸。」（蹇 · 九五）

---

❽　　《橫渠易說 · 繫辭下》釋「辯是與非，則非中爻不備」。

「能得中道，故剛而不暴。」（夬·九二）

「不得中道，過壯或凶，故曰有凶。」（夬·九三）

「九五以中正剛健。」（姤·九五）

「九二以剛居中正。」（困·九二）

「處困用中，可以不失其守而已。」（困·九五）

「剛中之德，為眾所利。」（井·九五）

「柔中之德，所之乃吉。」（革·六二）

「以陽居中，故有實。」（鼎·九二）

「居中故其耳黃。」（鼎·六五）

「陽中。」（歸妹·九二）

「不失中道，下為之用……吉而無咎。」（巽·九二）

「以剛居中。」（節·九五）

「居中。」（中孚·九二）

「柔得中。」（小過·六五）

3.相應

　　一卦中的初與四，二與五，三與上，其位相應。若其爻象為一陰一陽者，則為有應，其爻辭為吉。若是皆為陽或皆為陰，則為無應，其爻辭為不吉利。《橫渠易說》運用應位說者如下。

「專應上九，則雖危終吉。」（訟·六三）

「柔而無應，能擇有信者親之……終有它吉。」（比·初六）

「有應於下，故雖有所命無咎也。」（否·九四）

「二與五應而為他間。」（同人·九五）

「下應於三，其跡顯聞，故曰鳴謙。」（謙·上六）

「今得應於上。」（豫·初六）

「處下不係應於上，如子之專制。」（蠱·初六）

「體順應正。」（臨·六四）

「以其在下卦之體而應於上。」（觀·六三）

「獨應於陽。」（剝·六三）

「柔危之世，以中道合正應。」（復·六四）

「體躁應上。」（頤·初九）

「柔巽在下以應於上。」（恒·初六）

「有應於陰，不惡而嚴，故曰好遯。」（遯·九四）

「若志應在上，晉為眾允，則悔亡。」（晉·六三）

「有應在二。」（家人·九五）

「以大人之德係應於二。」（萃·九五）

「升之九二有六五配合之慶。」（升·九二）

「井道之成在於上六，三其正應。」（井·上六）

「無應於上。」（漸·上九）

「所應在陰，故曰豐沛。」（豐·九三）

「無應於下。」（豐·九四）

「所應在初，初為瑣瑣，志窮卑下……故其心不快。」（旅·九四）

「無應於上。」（巽·九二）

「無應於下。」（巽·九五）

「無應於上。」（渙·初六）

「志應在四。」（中孚·初九）

「無應於上，故能免咎。」（小過·六二）

「應於上。」（小過·九三）

「有應於下。」（小過‧九四）

4. 承

所謂承，指一卦中臨近的兩爻，若居上位者為陽，居下位者為陰，則陰對陽為承，其關係為順，爻辭為吉。反之，若是陽在下而陰在上，則為逆，其爻辭為不吉利。《橫渠易說》運用此例如下。

「承乘皆剛，悔也。」（鼎‧九三）

5. 乘

所謂乘，與承相關，一卦之中臨近的兩爻，若陽在上而陰在下，則陰對陽為承，陽對陰為乘，其關係為順，爻辭為吉。反之，若是陽在下而陰在上，則為逆，其爻辭為不吉利。承與乘是陽尊陰卑觀念的反映。《橫渠易說》運用此例如下。

「二以乘剛，有寇。」（屯‧六二）

「乘剛未安，其進也寧旋。」（履‧上九）

「體說乘剛故甘……安有所利。」（臨‧六三）

「乘剛處實則凶。」（无妄‧六二）

「處多懼之地而以乘剛，故其來也遽，其處也危。」（離‧九四）

「退則乘剛。」（恒‧九三）

「乘下之剛，故危。」（大壯‧九三）

「乘剛本有悔，不用其壯，故貞吉。」（大壯‧九四）

「乘剛遇敵，輿衛皆困。」（睽‧六三）按，六三之上下皆為陽爻，乘剛指九二，遇敵指九四。

「承乘皆剛，悔也。」（鼎‧九三）

「乘剛而動。」（巽‧九三）

「乘剛。」（巽・六四）

「乘剛在上。」（渙・上九）

6.比

所謂比，指一卦中兩爻逐位相比連，視其情況變化為吉或不吉。《橫渠易說》運用此例如下。

「體健而比於三，理為不直，故不克訟。」（訟・九四）

「近而相比，故說輹而不能進，反為柔制，故曰反目。」（小畜・九三）

「近比於三，能常自危，則志願終吉。」（履・九四）

「利於比三則凶也。」（隨・九四）

「柔中之德，比於上九。」（賁・六五）

「下比於陽，故樂行其善。」（復・六二）

「反比於初。」（頤・六二）

「上比於五，有進出之漸，故無凶。」（習坎・六四）

「下以於四。」（習坎・九五）

「與五親比。」（明夷・六四）

「近比於二，非其咎也。」（蹇・初六）

「不正而近比二剛，不能致一，故有小人負乘之象。」（解・六三）

「處眾陰之中，為眾附比。」（震・九四）

「下比二陰，喪其御下之正，危屬之道。」（旅・九三）

「近比於五。」（巽・六四）

「順比九二之剛。」（渙・初六）

7.一爻為主說

此乃王弼所言：「一卦之體，必由一爻為主，則指明一爻之美，以統一卦之義。」❻❹《橫渠易說》亦說：「陽卦多陰，則陽為之主；陰卦多陽，則陰為之主。雖小大不齊，而剛柔得位，為一卦之主則均矣。」❻❺即一卦之中作為少數的一爻，是為一卦之主，對卦的吉凶有決定性影響。《橫渠易說》運用此例如下。

「六四為眾陽之主。」（小畜・六四）

「大君者，為眾爻之主也。」（履・六三）

「以其居尊制裁，為卦之主，故不云剝之也。」（剝・六五）

「九五既濟之主。」（既濟・九五）

8.五為尊位

此以一卦中的五爻之位為最尊之位。《橫渠易說》運用此例如下。

「柔得盛位。」（大有・六五）

「體健居尊。」（无妄・九五）

「以陰居頤卦之尊。」（頤・六五）

「六五以陰居尊。」（晉・六五）

「居得盛位。」（萃・九五）

「柔中極尊。」（升・九五）

「以剛居尊。」（革・九五）

「體陽居尊。」（巽・九五）

「處乎盛位。」（兌・九五）

---

❻❹　《周易略例・略例下》，臺北，大安出版社，1999年。

❻❺　《橫渠易說・繫辭下》釋「陽卦多陰，陰卦多陽」。

「得乎盛位。」（節·九五）

「處乎盛位。」（中孚·九五）

㈡卦變說

卦變說源自漢易象數之學，指一卦之中的爻象互易，成為另一卦象，以此解說卦爻辭的意義。

「六三本為上六，與坤同體。」（損[艮上兌下]·六三）按，損卦艮上兌下，艮二陰一陽，變而為三陰坤卦，兌一陰二陽，變而為三陽乾卦，上六降而為六三，故曰六三本為上六。

「上九本為九三。」（損[艮上兌下]·上九）按，此同於上條，損卦艮上兌下，變而為坤上乾下，九三升而為上九，故曰上九本為九三。

「本為初六，寄位於四。」（益[巽上震下]·六四）按，按，益卦上巽一陰二陽變為三陽乾，下震二陰一陽變為三陰坤，初六上升至四爻之位，故曰寄位於四。

「漸卦九三、六四易位而居，三離上卦，四離下體，故曰夫征不復，婦孕不育。」（漸[漸上艮下]·九三）按，漸卦上體漸卦一陰二陽變為三陽乾，下體艮卦二陰一陽變為三陰坤。九四下居三爻之位成九三，故曰三離上卦；六三上居四爻之位成六四，故曰四離下體。

「三陰本彙征在上，今六三反下而為兌。」（歸妹[震上兌下]·六三）按，歸妹卦上震二陰一陽變為三陰坤，下兌二陽一陰變為三陽乾，其上卦三陰，故曰三陰本彙征在上；其六四降而在三爻之位，成六三，故曰下而為兌。

㈢引經典、史事、人物

「舜、文之大。」（泰·九二）按，此指舜、文王。

「《書》云厥草惟包。」（否·九五）按，《尚書·禹貢》❻❻並無此句，但有「厥草惟繇」、「厥草惟夭」之句。

「如《孟子》言有法家拂士。」（无妄·九五）按，此乃引《孟子·告子下》：「入則無法家拂士，出則無敵國外患者，國恆亡。」❻❼

「惟鄭衛之音能令人生此意。」（離·九三）按，此乃出自如《禮記·樂記》：「鄭衛之音，亂世之音也。」❻❽

「《易》曰，何思何慮，天下殊塗而同歸，一致而百慮。」（咸·九三）按，此乃引自《易經·繫辭下》❻❾。

「孔子以富不可求，則曰從吾所好；以思為無益，則曰不如學也。」（咸·九三）按，此乃引自《論語·述而》：「富而可求也，雖執鞭之士，吾亦為之。如不可求，從吾所好。」❼⓿及《論語·衛靈公》：「吾嘗終日不食，終夜不寢，以思，無益，不如學也。」❼❶

「精義入神以致用。」（咸·九三）及「精義入神以致用，利用安身以崇德。」（咸，九四）按，此乃引《易經·繫辭下》：

---

❻❻　《尚書正義》卷6，《十三經注疏》本。
❻❼　《孟子注疏》卷12下，《十三經注疏》本。
❻❽　《禮記正義》卷37。
❻❾　《周易正義》卷8。
❼⓿　《論語注疏》卷7。
❼❶　《論語注疏》卷15。

「精義入神,以致用也;利用安身,以崇德也。」❼❷

　　「釋氏以感為幻妄。」(咸·九四)按,此乃言及佛教。

　　「如李德裕處置閹宦,徒知其帖息威伏,而忽於志不妄逞,照察少不至則失其幾也。」(姤·初六)按,此指唐代李德裕對付宦官專權,如王夫之《讀通鑑論》云:「宦者監軍政於外而封疆危,宦者統禁兵於內而天子危。監軍之危封疆,李德裕言之至悉矣。……於是而知德裕之為社稷謀,至深遠矣。其以出征履敗為言者,指其著見之害以折之,使不敢爭耳。顯糾其沮撓軍事之失,而不揭其攬權得眾之禍,使無所激以相牴牾,則潛伏之大慝,暗消於忘言矣,此德裕之所以善於安主而防奸也。」❼❸

　　「文王事紂之道,厚下以防中潰,盡人謀而聽天命者歟。」(姤·九五)按,此指周文王和商紂王。

　　「盛德之容,顏孟以上始可以觀……『博我以文』」……所謂『有若無,實若虛』。有顏子之心,則不為顏子之文可也。」(革·上六)按,此處引《論語·子罕》:「夫子循循然善誘人,博我以文,約我以禮。」❼❹及《論語·泰伯》:「以能問於不能,以多問於寡;有若無,實若虛,犯而不校,昔者吾友嘗從事於斯矣。」❼❺

　　「王弼於此無咎又別立一例,只舊例亦可推行,但能嗟其不節有過之心則皆無咎也。若武帝下罪己之詔而天下悅。」(節·六

---

❼❷　《周易正義》卷8。
❼❸　《讀通鑑論·武宗六》卷26,北京,中華書局,1998年。
❼❹　《論語注疏》卷9。
❼❺　《論語注疏》卷8。

三）按，此處王弼注曰：「以陰處陽，以柔乘剛，違節之道，以至哀嗟。自己所致，無所怨咎，故曰無咎。」**⑯**武帝乃指漢武帝，如《漢書·西域傳》：「孝武……末年遂棄輪臺之地，而下哀痛之詔。」**⑰**

四、釋《周易》「傳文」

㈠取義兼取象

「上巽下動者，損上益下之道，木以動而巽，故利涉大川。」（益[巽上震下]·象）

㈡爻位說

1.當位

「乾二五皆正中之德……大人而升聖乃位乎天德。不言帝王而言天德，位不足道也。」（乾·文言）

「以柔居陰，不能禦強，來則聽順而辟其路。」（需·六四·象）

「履非其正，比之必匪其人，故可傷。」（比·六三·象）

「雖以陰居陽，於道未失。」（觀·六三·象）

「五居正處中，能正其志，故獲貞吉。」（遯·九五·象）

「剛陽之德而以位陰，故泥而未光也。」（震·九四·象）

2.中位

「剛健中正，中爻之德。」（乾·文言）

---

⑯　《周易正義》卷6。
⑰　《漢書·西域傳第六十六下》卷96下。

「五居正處中，能正其志，故獲貞吉。」（遯・九五・象）

「非中爻不能備卦德，故曰剛遇中正。」（姤・象）

「初六履不以中，萃而志亂，故為眾輕侮。」（萃・初六・象）

「居非得中，故幽而不明。」（困・初六・象）

「以其在中故無喪。」（震・六五・象）

3.相應

「臨為剛長，己志應上，故雖感而行正也。」（臨・初九・象）

「不以無應而志在於臨，故曰敦臨志在內也。」（臨・上六・象）

「初六有應在四，居下援上，未安其分，故曰未受命也。」（晉・初六・象）

「初六有應在四。」（晉・初六）

4.乘

「乘剛而動……故無咎。」（噬嗑・六二・象）

「上下皆柔，無物陵犯。」（賁・九三・象）按，賁卦艮上離下，九三之下為六二，之上為六四，上下皆為陰卦，無乘剛，故曰無物陵犯。

「乘壯動之剛，固之必悔者。」（大壯・六五・象）

「以其乘剛故危。」（震・六五・象）

「三五皆乘剛，必退反乃吉。」（歸妹・象）

5.比

「能上比於五，與之合志，雖為群下所侵，披傷而去，懷懼而出，於義無咎。」（小畜・六四・象）

6.一爻為主說

「蒙卦之義，主之者全在九二，象之所論，皆二之義。」
（蒙·象）

7.天地人位

一卦六畫，初與二為地位，三與四為人位，五與上為天位。
《橫渠易說》運用此例如下。

「此以六畫分三才也。以下二畫屬地，則四遠於地，故言中不
在人。若三則止言不在天，在田而已。」（乾·文言）

㈢卦變說

「上九，下居於初也，故曰剛來下柔。」（隨[兌上震下]·象）
按，隨卦上兌一陰二陽變為三陽乾，下震二陰一陽變為三陰坤，上
九下居於初，故曰剛來下柔。與伊川注同，王弼注、朱熹注皆有異
於此。

「九五分而下，初六分而上，故曰剛柔分。」（噬嗑[離上震
下]·象）按，噬嗑卦上離一陰二陽變為三陽乾，下震二陰一陽變為
三陰坤，九五降而為初九，曰九五分而下，初六升而為六五，曰初
六分而上。王弼注、伊川注與朱熹注皆有異於此。

「六自初而進之於五，故曰上行。」（噬嗑[離上震下]·象）按，
其義見上條。

「否卦九四下而為初九，故曰天施地生，又曰損上益下，又約
自上下下。」（益[巽上震下]·象）按，益卦上巽一陰二陽變為三陽
乾，下震二陰一陽變為三陰坤，乾上坤下故為否，否之九四下居初
爻之位，故曰下而為初九。

「本坤之爻，進而為巽。」（漸[漸上艮下]·六四·象）按，漸卦
上漸一陰二陽變為三陽乾，下艮二陰一陽變為三陰坤。坤之六三上

居四爻之位成六四，使上體成巽卦一陰二陽，故曰本坤之爻，進而為巽。

「泰之九三進而在四，六四降而在三，故曰天地之大義也。」（歸妹[震上兌下]·象）按，歸妹卦上震二陰一陽變為三陰坤，下兌二陽一陰變為三陽乾，坤上乾下即為泰卦。泰之九三上居四爻之位成六四，泰之六四降而在三成六三，故曰泰之九三進而在四，六四降而在三。

㈣引經典、史事、人物

「《孟子》所謂終始條理，集大成於聖智者歟。」（乾·象）按，此乃出自《孟子·萬章下》：「孟子曰，伯夷，聖之清者也；伊尹，聖之任者也；柳下惠，聖之和者也；孔子，聖之時者也。孔子之謂集大成。集大成也者，金聲而玉振之也。金聲也者，始條理也；玉振之也者，終條理也。始條理者，智之事也；終條理者，聖之事也。智，譬則巧也；聖，譬則力也。由射於百步之外也；其至，爾力也；其中，非爾力也。」❼❽

「仲尼猶天。」（乾·象）按，此乃言及孔子。

「孔子喜弟子之不仕……用則行，舍則藏，惟我與爾有是夫。顏子龍德而隱，故遯世不見知而不悔。」（乾·文言）按，此乃出自《論語·述而》：「子謂顏淵曰，用之則行，舍之則藏，唯我與爾有是夫。」❼❾及《禮記·中庸》：「子曰，素隱行怪，後世有述焉，吾弗為之矣。君子遵道而行，半塗而廢，吾弗能已矣。君子依

---

❼❽　《孟子注疏》卷 10 上。
❼❾　《論語注疏》卷 7。

乎中庸，遯世不見知而不悔，唯聖者能之。」❽

「孟子不得已而用潛龍者也，顏子不用潛龍者也。孟子主教，故須說予豈好辯哉，予不得已也。」（乾‧文言）按，此乃出自《論語‧泰伯》：「豈好辯哉？予不得已也。」❽

「顏氏求龍德正中……歎夫子之乎焉前後也。」（乾‧文言）按，此乃出自《論語‧子罕》：「顏淵喟然歎曰，仰之彌高，鑽之彌堅，瞻之在前，忽焉在後。夫子循循然善誘人，博我以文，約我以禮。欲罷不能。既竭吾才，如有所立卓爾。雖欲從之，末由也已。」❽

「繼日待旦如周公。」（乾‧文言）按，此乃言及周公。

「谷神能象其聲而應之。」（乾‧文言）按，此乃出自《老子》第六章：「谷神不死，是謂玄牝。」

「王弼謂命呂者律。」（乾‧文言）按，此乃出自王弼《周易略例‧明爻通變》。

「顏子未成性，是為潛龍。……顏子與孟子時異，顏子有孔子在，可以不顯，孟子則處師道，亦是已老，故不得不顯耳。」（乾‧文言）按，此乃言及顏淵、孟子、孔子。

「《莊子》言神人……又謂至人真人。」（乾‧文言）按，如《莊子‧逍遙遊第一》❽：「至人無己，神人無功。」及《莊子‧大宗師第六》：「有真人而後有真知。」

---

❽　《禮記正義》卷 52。
❽　《論語注疏》卷 8。
❽　《論語注疏》卷 9。
❽　《莊子》，《百子全書》本。

「如禹、稷、皋陶輩猶未必能知。」（乾·文言）按，此乃言及禹、稷、皋陶。

「如禹之德。」（乾·文言）按，此乃言及禹。

「孔子亦謂禹於吾無間然矣。」（乾·文言）按，此乃出自《論語·泰伯》：「子曰，禹，吾無間然矣。菲飲食，而致孝乎鬼神；惡衣服，而致美乎黻冕；卑宮室，而盡力乎溝洫。禹，吾無間然矣。」[84]

「久則須至堯舜。」（乾·文言）按，此乃言及堯、舜。

「有以子貢為賢於仲尼者。」（乾·文言）按，此乃出自《論語·子張》：「叔孫武叔語大夫於朝，曰，子貢賢於仲尼。子服景伯以告子貢。子貢曰，譬之宮牆，賜之牆也及肩，闚見室家之好。夫子之牆數仞，不得其門而入，不見宗廟之美、百官之富。得其門者或寡矣。夫子之云，不亦宜乎。」[85]

「孔子猶自謂若聖與仁則吾豈敢，儻曰吾聖矣……故曰知我者其天乎。」（乾·文言）按，此乃出自《論語·述而》：「子曰，若聖與仁，則吾豈敢？抑為之不厭，誨人不倦，則可謂云爾已矣。」[86]及《論語·憲問》：「子曰，不怨天，不尤人；下學而上達。知我者其天乎。」[87]

「如夷之清，惠之和。」（乾·文言）按，此乃出自《孟子·萬章下》：「孟子曰，伯夷，聖之清者也……柳下惠，聖之和者

---

[84] 《論語注疏》卷8。
[85] 《論語注疏》卷19。
[86] 《論語注疏》卷7。
[87] 《論語注疏》卷14。

也。」❽❽

「顏子之徒，隱而未見，行而未成，故曰吾聞其語矣，未見其人也。……雖伯夷之學不猶不可以言龍。」（乾·文言）按，此乃出自《論語·季氏》：「孔子曰，見善如不及，見不善如探湯。吾見其人矣，吾聞其語矣。隱居以求其志，行義以達其道。吾聞其語矣，未見其人也。」❽❾

「與《中庸》必得之義同。」（坤·文言）按，此乃出自《禮記·中庸》：「子曰，舜其大孝也與。德為聖人，尊為天子，富有四海之內。宗廟饗之，子孫保之。故大德必得其位，必得其祿，必得其名，必得其壽。」❾⓪

「如告子之不動心。」（蒙·象）按，此乃出自《孟子·公孫丑上》：「孟子曰，我四十不動心……是不難。告子先我不動心。」❾❶

「須意我固必。」（謙·象）按，此乃出自《論語·子罕》：「子絕四：毋意，毋必，毋固，毋我。」❾❷

「堯之志也……舜之志也。」（无妄·初九·象）按，此乃言及堯、舜。

「故《大學》定而至於能慮。」（大畜·象）按，此乃出自《禮記·大學》：「知止而后有定，定而后能靜，靜而后能安，安

❽❽　《孟子注疏》卷 10 上。

❽❾　《論語注疏》卷 16。

❾⓪　《禮記正義》卷 52。

❾❶　《孟子注疏》卷 3 上。

❾❷　《論語注疏》卷 9。

而后能慮，慮而后能得。」❾❸

「《易》言天地之大義。」（恒·象）按，此出自《易經·家人》：「家人，女正位乎內，男正位乎外，男女正，天地之大義也。」❾❹及《易經·歸妹》：「歸妹，天地之大義也。」❾❺

「今夫為長者折枝，非不能也，但恥以為屈而不為耳。」（大壯·象）按，此乃出自《孟子·梁惠王上》：「挾太山以超北海，語人曰，我不能，是誠不能也。為長者折枝，語人曰，我不能，是不為也，非不能也。故王之不王，非挾太山以超北海之類也；王之不王，是折枝之類也。」❾❻

「堯之志也……舜之志也。」（升·六五·象）按，此乃言及堯、舜。

「如素夷狄行乎夷狄，素患難行乎患難。」（艮·象）按，此乃引自《禮記·中庸》：「君子素其位而行，不願乎其外。素富貴，行乎富貴；素貧賤，行乎貧賤；素夷狄，行乎夷狄；素患難，行乎患難。君子無入而不自得焉。」❾❼

「猶不知禮而考《春秋》也。」（繫辭）按，此乃言及《春秋》。

「仲尼之道，豈不可以參天地。」（繫辭）按，此乃言及孔子。

---

❾❸　《禮記正義》卷 60。

❾❹　《周易正義》卷 4。

❾❺　《周易正義》卷 5。

❾❻　《孟子注疏》卷 1 下。

❾❼　《禮記正義》卷 52。

「惟其平易，則易知易從，信則人任焉。」（繫辭）按，此乃出自《論語·陽貨》：「子曰，恭、寬、信、敏、惠。恭則不侮，寬則得眾，信則人任焉，敏則有功，惠則足以使人。」**⑱**

「坤至柔而動也剛。」（繫辭）按，此乃引《坤·文言》：「坤至柔而動也剛，至靜而德方，後得主而有常，含萬物而化光。」**⑲**

「經正則道前定，事豫立。」（繫辭）按，此乃出自《孟子·盡心下》：「經正，則庶民興；庶民興，斯無邪慝矣。」**⑳**及《禮記·中庸》：「凡事豫則立，不豫則廢。言前定則不跲，事前定則不困，行前定則不疚，道前定則不窮。」**㉑**

「釋氏語實際。」（繫辭）按，此乃言及佛教。

「老氏況諸谷以此。」（繫辭）按，此乃言及《老子》。

「輔嗣所解，似未失其歸也。」（繫辭）按，此言王弼。

「意，有思也；必，有待也；固，不化也；我，有方也。」（繫辭）按，此乃出自《論語·子罕》：「子絕四：毋意，毋必，毋固，毋我。」**㉒**

「然後不夢周公。」（繫辭）按，此乃出自《論語·述而》：「子曰，甚矣，吾衰也。久矣，吾不復夢見周公。」**㉓**

---

⑱　《論語注疏》卷 17。
⑲　《周易正義》卷 1。
⑳　《孟子注疏》卷 14 下。
㉑　《禮記正義》卷 52。
㉒　《論語注疏》卷 9。
㉓　《論語注疏》卷 7。

「夷惠所以亦得稱聖人。」（繫辭）按，此言伯夷、柳下惠。

「仁知見之，所謂曲能有誠。」（繫辭）按，此乃出自《禮記‧中庸》：「自誠明，謂之性；自明誠，謂之教。誠則明矣，明則誠矣。唯天下至誠，為能盡其性；能盡其性，則能盡人之性；能盡人之性，則能盡物之性；能盡物之性，則可以贊天地之化育；可以贊天地之化育，則可以與天地參矣。其次致曲。曲能有誠，誠則形，形則著，著則明，明則動，動則變，變則化。唯天下至誠為能化。」❿

「《老子》言天地不仁，以萬物為芻狗，此是也；聖人不仁，以百姓為芻狗。」（繫辭）按，此乃出自《老子》第五章。

「自唐虞以來。」（繫辭）按，此言陶唐氏（堯）與有虞氏（舜）。

「《孟子》曰，天下之生久矣，一治一亂。」（繫辭）按，此乃出自《孟子‧滕文公下》❺。

「叩其兩端而竭。」（繫辭）按，此乃出自《論語‧子罕》：「子曰，吾有知乎哉？無知也。有鄙夫問於我，空空如也；我叩其兩端而竭焉。」❻

「柳下惠，不息其和也；伯夷，不息其清也。」（繫辭）按，此乃出自《孟子‧萬章下》：「孟子曰，伯夷，聖之清者也；伊尹，聖之任者也；柳下惠，聖之和者也；孔子，聖之時者也。」❼

---

❿　《禮記正義》卷 53。
❺　《孟子注疏》卷 6 下。
❻　《論語注疏》卷 9。
❼　《孟子注疏》卷 10 上。

「孔子喪出母，子思不喪出母。」（繫辭）按，此乃出自《禮記·檀弓上》：「子上之母死而不喪。門人問諸子思曰，昔者子之先君子喪出母乎？曰，然。子之不使白也喪之，何也？子思曰，昔者吾先君子無所失道；道隆則從而隆，道污則從而污。伋則安能？為伋也妻者，是為白也母；不為伋也妻者，是不為白也母。故孔氏之不喪出母，自子思始也。」❿⓼

「使曾子制禮。」（繫辭）按，此言曾子。

「揚雄亦曰，五與五相守者。」（繫辭）按此乃出自揚雄《太玄經》：「一與六共宗，二與七共朋，三與八成友，四與九同道，五與五相守。」❿⓽。

「《孟子》謂，我於辭命則不能，又謂，浩然之氣難言。」（繫辭）按，此乃出自《孟子·公孫丑上》：「宰我、子貢善為說辭，冉牛、閔子、顏淵善言德行；孔子兼之，曰我於辭命，則不能也。」⓾及《孟子·公孫丑上》：「曰，我知言，我善養吾浩然之氣。敢問何謂浩然之氣？曰，難言也。其為氣也至大至剛，以直養而無害，則塞于天地之間。」⓫

「仲尼竭兩端而空空。」（繫辭）按，此乃出自《論語·子罕》：「子曰，吾有知乎哉？無知也。有鄙夫問於我，空空如也；我叩其兩端而竭焉。」⓬

---

❿⓼　《禮記正義》卷6。

❿⓽　《太玄經》卷10，《四部備要》本。

⓾　《孟子注疏》卷3上。

⓫　《孟子注疏》卷3上。

⓬　《論語注疏》卷9。

「《中庸》所謂至矣。」（繫辭）按，此乃出自《禮記‧中庸》：「仲尼曰，君子中庸，小人反中庸。君子之中庸也，君子而時中；小人之中庸也，小人而無忌憚也。子曰，中庸其至矣乎，民鮮能久矣。」⑬

「上天之載，無聲臭可象，正惟儀刑文王，當冥契天德而萬邦信說。」（繫辭）按，此乃出自《詩‧大雅》：「上天之載，無聲無臭。儀刑文王，萬邦作孚。」⑭

「則是意必固我已絕。」（繫辭）按，此乃出自《論語‧子罕》：「子絕四：毋意，毋必，毋固，毋我。」⑮

「義以反經為本，經正則精。」（繫辭）按，此乃出自《孟子‧盡心下》：「君子反經而已矣。經正，則庶民興；庶民興，斯無邪慝矣。」⑯

「《中庸》曰，至誠為能化。《孟子》曰大而化之。」（繫辭）按，此乃出自《禮記‧中庸》：「唯天下至誠為能化。」⑰及《孟子‧盡心下》：「大而化之之謂聖。」⑱

「世人取釋氏銷礙入空。」（繫辭）按，此乃言及佛教。

「知微之顯，知風之自，知遠之近，可以入德。」（繫辭）按，此乃出自《禮記‧中庸》：「君子之道，淡而不厭，簡而文，

---

⑬　《禮記正義》卷 52。
⑭　《毛詩正義》卷 16 之 1。
⑮　《論語注疏》卷 9。
⑯　《孟子注疏》卷 14 下。
⑰　《禮記正義》卷 53。
⑱　《孟子注疏》卷 6 上。

溫而理，知遠之近，知風之自，知微之顯，可與入德矣。」⑲

　　「顏子心不違仁。」（繫辭）按，此乃出自《論語・雍也》：
「子曰，回也，其心三月不違仁；其餘，則日月至焉而已矣。」⑳

　　「吾未見能見其過而內自訟。」（繫辭）按，此乃出自《論
語・公冶長》㉑。

　　「莊生所謂生物以息相吹，野馬者歟。」（繫辭）按，此乃出
自《莊子・逍遙遊第一》：「野馬也，塵埃也，生物之以息相吹
也。」

　　「困而不知變，民斯為下矣。」（繫辭）按，此乃出自《論
語・季氏》：「困而不學，民斯為下矣。」㉒

　　「自古困於內無如舜，困於外無如孔子。」（繫辭）按，此乃
言舜、孔子。

　　「故曰莫我知也夫，知我者其天乎。」（繫辭）按，此乃出自
《論語・憲問》：「子曰，莫我知也夫。子貢曰，何為其莫知子
也？子曰，不怨天，不尤人，下學而上達，知我者其天乎。」㉓

　　「剛柔錯雜，美惡混淆，文王與紂當之矣。」（繫辭）按，此
乃言及周文王、商紂王。

　　「釋氏元無用。」（繫辭）按，此乃言及佛教。

　　「如《孟子》曰，苟求其故，則千歲之日至，可坐而致也。」

---

⑲　《禮記正義》卷 52。

⑳　《論語注疏》卷 6。

㉑　《論語注疏》卷 5。

㉒　《論語注疏》卷 16。

㉓　《論語注疏》卷 14。

（繫辭）按，此乃出自《孟子·離婁下》：「天下之言性也，則故而已矣。故者，以利為本。所惡於智者，為其鑿也。如智者，若禹之行水也，則無惡於智矣。禹之行水也，行其所無事也。如智者亦行其所無事，則智亦大矣。天之高也，星辰之遠也，苟求其故，千歲之日至，可坐而致也。」⑭

五、易例的提出

《橫渠易說》在注解《易經》時，亦連帶著提出幾條易例，有的與傳統的易例相同，如「卦例於上爻多處之以貴而無位，高而無民」（恒），有的則是張載所立。分述如下。

㈠「凡言后者，大率謂繼體守成之主也。」（復·象）

按，此例見於《復》象傳。《復》象傳：「先王以至日閉關，商旅不行，后不省方。」《橫渠易說》注：「后為繼承之主。」

㈡「易所謂得志者，聖賢獲其願欲者也。」（无妄·初九·象）（升·六五·象）

按，此例見於《无妄》初九象傳與《升》六五象傳。《无妄》初九象傳：「得志也。」《橫渠易說》注：「得臣無家，堯之志也；貞吉升階，舜之志也。」《升》六五象傳：「大得志也。」此處《橫渠易說》注同於《无妄》初九注。

㈢「卦例於上爻多處之以貴而無位，高而無民。」（恒）

㈣「凡言利用禴，皆誠素著白於幽明之際，未孚而略禮，則神怒而民怨。」（萃·六二）

---

⑭　《孟子注疏》卷 8 下。

　　按，此例見於《萃》六二爻辭與《升》九二爻辭。《萃》六二爻辭與《升》九二爻辭皆曰：「孚乃利用禴。」

　　㈤「易言光明者，多艮之象，著則明之義也。」（艮·象）

　　按，此例見於《蒙》象傳、《謙》象傳、《大畜》象傳與《艮》象傳。《蒙》象：「山下有險，險而止，蒙。」《横渠易說》注：「人心多則無由光明。」《謙》象：「天道下濟而光明。」《横渠易說》注：「止於下，故光明。」《大畜》象：「剛健篤實輝光。」《横渠易說》注：「定然後始有光明。」《艮》象：「動靜不失其時，其道光明。」《横渠易說》注：「其道光明，以其本之光明，故其發也光明。」

　　㈥「凡言往者，皆進而之上也。」（豐·六二）

　　按，此例見於《豐》六二爻辭。爻辭曰：「往得疑疾。」《横渠易說》注：「故往無所發，愈增疑疾。」

　　㈦「凡言有廟者，聚道之極也。」（渙）

　　按，此例見於《萃》卦辭與《渙》卦辭。《萃》卦辭：「王假有廟。」《横渠易說》注：「姤者遇也，物相遇而後聚，故受之以萃。」《渙》卦辭亦曰：「王假有廟。」《横渠易說》注：「萃，王假有廟，渙然後聚道乃久，故王假有廟互見於此。」

　　㈧「凡言自我西郊，進而不已也。」（小過·六五）

　　按，此例見於《小畜》卦辭與《小過》六五爻辭。《小畜》卦辭：「密雲不雨，自我西郊。」《横渠易說》注：「自我西郊，剛陽之氣進而不已也。」《小過》六五爻辭卦辭亦曰：「密雲不雨，自我西郊。」《横渠易說》注：「不能畜剛止健。」

六、小結

《橫渠易說》對《周易》經傳注解的各項主要體例，歸納如下。

在釋卦名方面，依取義說的有 9 例，依取象說的有 5 例，取義與取象兼用的有 2 例，多依《序卦》、《彖傳》、《象傳》來解釋。

在釋卦辭方面，以爻位的相應來解釋的有 1 例，引經典、史事、人物等來解說的有 7 例。

在釋爻辭方面，主要以爻位來解釋。以當位說來解釋的有 48 例，以中位說解釋的有 25 例，以相應說解釋的有 30 例，以承來解釋的有 1 例，以乘來解釋的有 13 例，以比來解釋的有 16 例，以一爻為主說解釋的有 4 例，以五為尊位解釋的有 11 例。以卦變說解釋的有 5 例。引經典、史事、人物等來解說的有 12 例。

在釋傳文方面，主要亦以爻位來解釋。以當位說來解釋的有 6 例，以中位說解釋的有 6 例，以相應說解釋的有 4 例，以乘來解釋的有 5 例，以比來解釋的有 1 例，以一爻為主說解釋的有 1 例，以天地人位解釋的有 1 例。以卦變說解釋的有 6 例。引經典、史事、人物等來解說的有 65 例。

綜合來看，《橫渠易說》以運用當位說、中位說與相應說這三項易例最多，分別為 54 例、31 例、34 例。卦變說也不少，共有 11 例。在引經典、史事、人物方面共 84 處，其中引自《論語》最多，有 23 處，其次為引自《孟子》有 14 處及《禮記》12 處，另還有引自《易經》其他部分及《詩經》、《書經》、《老子》、

《莊子》等，引史事人物共有三十餘處，以堯舜、孔子、顏子為較多。

第三節　解易特點

一、概說——兼述張載易學在易學史上的定位

　　易學史上有義理與象數兩大學派，張載是義理學派，但其解易並不排斥象數。如《橫渠易說》對卦名的解釋，乃取義與取象兼用，對卦爻辭的解釋也多有取卦變說者。綜觀《橫渠易說》一書，以注解《繫辭》部分最為詳盡，也是張載藉以發揮其思想之處，故最為可觀。此外，《乾卦》與《說卦》亦較為詳細。但張載注易並非所有經文皆有注解，「往往經文數十句中一無所說，末卷更不復全載經文，載其有說者而已」[125]，即六十四卦部分有許多是有經無注的，而《繫辭》、《說卦》、《序卦》、《雜卦》部分則不全載經文，只載有注解的經文。

　　張載解易，有時依文釋義，有時則有所引申，有時則釋文與引申二者兼用。如《繫辭》「易有聖人之道四焉，以言者尚其辭，以動者尚其變，以制器者尚其象，以卜筮者尚其占」之句，其注解曰：「辭、變、象、占，皆聖人之所務也，故易道具焉。」[126]此乃是依經解義。而另一注解曰：「尚辭則言無所苟，尚變則動必精

---

[125]　《四庫全書總目》卷2。
[126]　《橫渠易說·繫辭上》，「易有聖人之道四焉」注解。

義，尚象則法必致用，尚占則謀必知來，四者非知神之所為，孰能於此。」❿此已略有引申。再看又一注解：「學未至乎知德，語皆有病。形而上者，得辭斯得象矣，故變化之理須存乎辭。言，所以顯變化也。易有聖人之道四焉，而曰以言者尚其辭，辭者，聖人之所重。」❷此則引申到對言辭的討論。

又如《說卦》「窮理盡性以至於命」之句，其注解曰：「性盡其道，則命至其源也。」❷此乃依文釋義。另一注解曰：「窮理亦當有漸，見物多，窮理多，從此就約，盡人之性，盡物之性。天下之理無窮，立天理乃各有區處，窮理盡性，言性已是近人言也。既窮物理，又盡人性，然後能至於命，命則又就己而言之也。」❿此釋窮理為窮盡物之理，而釋盡性為盡人之性。另一注解曰：「天道即性也，故思知人者不可不知天，能知天斯能知人矣。知天知人，與窮理盡性以至於命同意。」❸此言天道即性，知天即知人，故窮理即是盡性，此已有所引申。另一注解曰：「釋氏元無用，故不取理。彼以有為無，吾儒以參為性，故先窮理而後盡性。」❷此又引申論及佛教有體無用，故不講求窮盡物理，而儒家是先窮理而後盡性。這種釋文與引申二者兼用的情況，在《橫渠易說》一書當中屢次可見，《繫辭》部分尤為如此。值得注意的是，張載解易所發揮

---

❿　《橫渠易說‧繫辭上》，「易有聖人之道四焉」注解。

❷　《橫渠易說‧繫辭上》，「易有聖人之道四焉」注解。

❷　《橫渠易說‧說卦》，「窮理盡性以至於命」注解。

❿　《橫渠易說‧說卦》，「窮理盡性以至於命」注解。

❸　《橫渠易說‧說卦》，「窮理盡性以至於命」注解。

❷　《橫渠易說‧說卦》，「窮理盡性以至於命」注解。

的觀點，往往引申發揮而形成其道學，詳見後述。

　　《周易》為五經之首，歷代注釋蔚為大觀，所謂兩派六宗之說，至宋代始為完備，如《四庫提要・經部總敘・易類》：「易之為書……《左傳》所記諸占，蓋猶太卜之遺法，漢儒言象數，去古未遠也。一變而為京焦，入於禨祥；再變而為陳、邵，務窮造化。易遂不切於民用。王弼盡黜象數，說以老莊。一變而胡瑗、程子，始闡明儒理；再變而李光、楊萬里，又參證史事。易遂日啟其論端。此兩派六宗。」宋代易學昌盛，僅北宋易學著作見於目錄者，就有二百餘種⓭。張載《橫渠易說》能於其間為世所重，乃與他是重要道學家身份有關。儘管從經學角度言，《橫渠易說》解釋經文部分過於簡略，解釋《繫辭》則往往過於引申，但即是在此引申之中，張載建立起以氣為主要範疇的思想體系，以及反對佛道二家的道學觀點。因此，與其說《橫渠易說》的價值在解易方面，不如說其價值是在藉易以言道學。換言之，從道學的角度來探討《橫渠易說》一書，較從經學的角度要來得更為可觀。儘管如此，《橫渠易說》在易學史上亦有其地位。在縱向與橫向的比較上，張載言易雖主義理，不廢象數，亦不否定其原為卜筮之用，這一點為朱熹《易本義》所繼承；在以氣解易方面，上承孔穎達《周易正義》，但反對道家的有無思想⓮；在以儒理解易方面，同於程頤《伊川易

⓭　參見王基西《北宋易學考》，《臺灣師大國文集刊》第 23 期，頁 119。

⓮　如朱伯崑說：「孔疏……把陰陽二氣變易的法則作為易學的最高範疇。這一傳統被張載易學繼承下來。但張載易學又不同於孔疏。他同二程一樣，反對以老莊玄學觀點解釋《周易》原理。」見《易學哲學史》第二卷，頁 255。

傳》；在引史證經上，與楊萬里《誠齋易傳》相似。此即張載易學
在易學史上的定位。

二、反對以有無解易

　　唐朝孔穎達奉詔修撰的《五經正義》，影響很大，其中《周易
正義》采王弼及韓康伯注。王弼是魏晉時代以老解易的代表，以
《老子》「無」的思想注解《周易》。《老子》：「天下萬物生於
有，有生於無。」❽王弼即以無為天下萬物之本作為基本觀念來注
易，如：「王弼曰……夫無不可以無明，必因於有。」❾此種以有
無解易的方式並見於《韓注》與《孔疏》當中，如《韓注》：「道
者何？無之稱也。……寂然無體，不可為象。必有之用極，而無之
功顯。」❿又：「夫有必始於無，故太極生兩儀也。」⓭《孔
疏》：「欲明兩儀天地之體，必以太極虛無為初始。」⓮又：「凡
有皆從無而來。……若欲明虛無之理，必因於有物之境。」⓯皆是
以無為道，以無為太極，以無為有之本。

　　《橫渠易說》雖有多處引自《老子》、《莊子》，但張載是反
對以老解易的，如《四庫全書總目》⓰：「其說乾象用迎之不見其
首，隨之不見其後，說文言用谷神字，說鼓萬物而不與聖人同憂，

---

❽　《老子》第四十章。
❾　《周易正義》卷7，「大衍之數五十」注解。
❿　《周易正義》卷7，「一陰一陽之謂道」注解。
⓭　《周易正義》卷7，「是故易有太極，是生兩儀」注解。
⓮　《周易正義》卷7，「陰陽不測之謂神」注解。
⓯　《周易正義》卷7，「大衍之數五十」注解。
⓰　卷2。

用天地不仁萬物為芻狗語，皆借老子之言，而實異其義，非如魏晉人合老易為一者也。」張載在反對以有無解易方面，說：

> 大易不言有無，言有無，諸子之陋也。人雖信此說，然不知能以何為有，以何謂之無。如人之言曰自然，而鮮有識自然之為體。⑭

他認為易是不言有無的，言有無是老莊玄學之陋說。此處並言及自然，乃針對老莊玄學之重視自然而言。《老子》：「人法地，地法天，天法道，道法自然。」⑭張載認為人們常言自然，但卻少有真正瞭解自然之義的。玄學派易學以有無解易，以無為萬物之始的太極，這是將世界的實相以無作為萬有之本體，故本體與現象是無與有的對立。對於世界實相或哲學上所稱本體論，張載不贊同以有無來區分本體與現象，並認為言有無就如同佛教言空一般是有流弊的，他說：

> 過則溺於空，淪於靜，既不能存其神，又不能知夫化矣。大抵過則不是著有，則是著無。聖人自不言有無，諸子乃以有無為說。說有無，斯言之陋也。⑭

---

⑭　《橫渠易說·繫辭上》，「知幽明之故」注解。

⑭　《老子》第二十五章。

⑭　《橫渠易說·繫辭上》，「範圍天地之化而不過」注解。《易說》中華本以《周易繫辭精義》引「張氏曰」下無此文，惟於「呂氏曰」下載首四句，而認為應係呂大臨之說混入。按，《大易粹言》以此段為張載之言，

佛教以空性為諸法實相，亦即一切現象的本質是空的，此空雖不否定萬有之呈顯，但佛法教義在流布的過程中，較易偏於空的強調而使人執於空。道家亦是如此，其言有無，又言「歸根曰靜，是謂復命」❹，則是偏重對虛靜的強調。佛教求證心性以證道，道教求成仙，二者皆是偏於對根本不變之體的重視與追尋，而對變化不已的萬有則較為輕忽，其面對人世的態度及實相觀，是導致他們避世或出世想法的內在思想原因。此即儒者所要反對之處。與佛道二家不同，儒家對現世人生是重視的，強調對家族國族的責任感，賦予經世致用極高之價值。北宋時代道學的出現，即是在面對佛道二家的興盛情況下，效法並吸取佛道思想在本體論上的深度，所形成在理論上與佛道相抗衡的一個新的儒家學派。作為道學開創者之一，張載對佛道的批評，已不再限於違反人倫禮教這一方面，而是深入到本體論的層次，並建構起對宇宙人生的新的解釋架構，這一點將於下一章詳述。

為駁斥道家有無的本體論，張載以「氣」貫穿本體與現象：「氣之聚散於太虛，猶冰凝釋於水，知太虛即氣，則無有有無。故聖人語性與天道之極，盡於參伍之神變易而已。諸子淺妄，有有無

所引字句與《易說》同，而呂大臨《易章句》僅曰：「範圍天地之化而不過，過則溺於空，淪於靜，既不能窮其神，又不能知夫化矣。」而無「大抵過則不是著有，則是著無。聖人自不言有無，諸子乃以有無為說。說有無，斯言之陋也」之句，見《藍田呂氏遺著輯校》。因此，推測此言應出自張載《易說》，弟子呂大臨乃採其師說。

❹ 《老子》第十六章。

之分，非窮理之學也。」⑯又：「氣……方其聚也，安得不謂之有（客）？方其散也，安得遽謂之無？故聖人仰觀俯察，但云知幽明之故，不云知有無之故。」⑰張載以太虛為本體，太虛即氣，氣變化聚散形成萬物。太虛與氣的關係就好比水凝結成冰，冰又融化為水，二者在本質上是沒有分別的。當氣聚結成萬物，是有；當氣散之時，現象雖是消失，但就像冰融化為水，冰雖不存而水猶在，故不能說就是無。此處張載以氣來質疑有無，認為以有無為本體與現象之別的說法是有問題的，本體是氣，現象亦是氣，張載試圖以此糾正佛道兩家偏重本體之偏。有關張載對佛老的批評，參見後述。

三、多從道德立場解易

　　張載易學屬易學中的義理學派，又是儒家學者，其解易多從人事、道德的立場來闡釋。如《比卦》六二爻辭「比之自內，貞吉」，王弼注：「處比之時，居中得位，而繫應在五，不能來它，故得其自內貞吉而已。」程頤注：「二與五為正應，皆得中正，以中正之道相比者也。二處於內，自內謂由己也。」皆以爻位之相應來解釋。張載則注曰：「愛自親始，人道之正，故曰貞吉。」此是

---

⑯　《橫渠易說·繫辭上》，「是以君子將有為也……易有聖人之道四焉者，此之謂也」注解。

⑰　《橫渠易說·繫辭上》，「知幽明之故」注解。此條「安得不謂之有」於《正蒙》中是作「安得不謂之客」，對照《正蒙》另一條「太虛無形，氣之本體，其聚其散，變化之客形爾。至靜無感，性之淵源，有識有知，物交之客感爾。客感客形與無感無形，惟盡性者一之」，則「安得不謂之客」之「客」，可解作「客形」，較「有」更具深意。

將「內」解作「親人」之意，而完全不用爻位說。其餘各例如下。

㈠道德修養方面

1.以《乾卦》爻辭為道德修養的各階段

張載對《乾卦》卦爻辭，皆採道德修養的角度來解釋，是《橫渠易說》中相當突出的一個例子。其釋初九「潛龍勿用」：

> 孔子喜弟子之不仕，蓋為德未成則不可以仕，是行而未成者也。故潛勿用，龍德而未顯者也。不成名，不求聞也，養實而已，樂行憂違，不可與無德者語也。用則行，舍則藏，惟我與爾有是夫。顏子龍德而隱，故遯世不見知而不悔，與聖者同。❽

此一階段以顏子未成性，是為潛龍，以潛龍為德行尚未修養的階段，應潛藏不求名聲，是為勿用。

其釋九二「見龍在田，利見大人」：

> 顏氏求龍德正中而未見其止，故擇中庸，得一善則拳拳服膺，嘆夫子之忽焉前後也。❾

此以九二爻居下卦的中位為中庸之德。顏回求中庸之德而不止，故曰「見龍在田」；嚮往孔子的道德境界，故曰「利見大人」。

---

❽　《橫渠易說・乾・文言》，「初九曰潛龍勿用……龍德而隱者也」注解。
❾　《橫渠易說・乾・文言》，「九二曰見龍在田……君德也」注解。

又釋九三「君子終日乾乾」：

> 求致用者，幾不可緩；將進德者，涉義必精。此君子所以立
> 多凶多懼之地，乾乾德業，不少懈於趨時也。⑩

此謂處困之時，君子仍當勤奮進德不息。

又釋九四「或躍在淵，無咎」：

> 德非為邪，故進退上下，惟義所適，惟時所合，故曰欲及時
> 也。能如此擇義，則無咎也。⑪

指九四處可上可下之位，可進可退之時，君子此時應惟義所適，堅
定信念。

又釋九五「飛龍在天，利見大人」：

> 《乾》之九五曰，飛龍在天，利見大人。乃大人造位天德，
> 成性躋聖者爾。⑫

又：

---

⑩　《橫渠易說・乾・文言》，「九三曰君子終日乾乾……無咎矣」注解。

⑪　《橫渠易說・乾・文言》，「九四曰或躍在淵……故無咎」注解。

⑫　《橫渠易說・乾・象》，「飛龍在天，大人造也」注解。

五，乾之極盛處，故以此當聖人之成德。⓲

則是以九五爻為聖人的境界，以飛龍在天表示君子在德行修養上的
體現達至完美的境地，故其成就與天德同位，與聖人等同，此即利
見大人。此種境界，相當於孔子的境界，如張載說：「仲尼猶天，
九五飛龍在天，其致一也。」⓳此與傳統的以九五為王位有很大的
不同，故張載說：「大人而升聖乃位乎天德也。不言帝王而言天
德，位不足道也，所性不存焉。」⓵指聖人的境界與天同德，帝王
之位是不能與其相比的。

又釋上九「亢龍有悔」：

> 上九亢龍，緣卦畫而言，須分初終，終則自是亢極。言君位
> 則易有極之理，聖人之分則安有過亢。⓶

又：

> 上以居極位畫為亢，聖人則何亢之有。⓷

此言對聖人而言，「亢龍有悔」這一條爻辭是不適當的比喻。

⓲　《橫渠易說·乾·文言》。
⓳　《橫渠易說·乾·象》，「飛龍在天，大人造也」注解。
⓵　《橫渠易說·乾·文言》。
⓶　《橫渠易說·乾·文言》。
⓷　《橫渠易說·乾·文言》。

　　從以上的敘述，可見張載以《乾卦》的初爻到九五爻為修養成聖的不同階段，並以顏回和孔子的德行來解釋。對此，朱熹批評張載乃過度引申其義，與經義不合，朱熹說：「橫渠論《易》，《乾卦》諸爻，恐皆過論。大抵《易》卦爻辭本只是各著本卦本爻之象，明吉凶之占當如此耳，非是就聖賢地位說道理也。故《乾》六爻自天子以至於庶人，自聖人以至於愚不肖，筮或得之，義皆有取。……其本意亦甚分明，未嘗過為深巧，如橫渠之說也。……今橫渠專以聖人為說，已失本經之指。」⑱此言《乾卦》六爻無論何人占得，皆有可取義處，而不是如張載所解釋的專指修養德性的過程。這是朱熹以注經解經的立場對張載易說的評論。

　　2.以為德當果敢解《大壯》等卦

　　張載論道德修養，多有剛毅之氣，這一點並表現於他對諸多卦爻辭的解釋，如其解《大壯卦》象傳「雷在天上，大壯，君子以非禮弗履」：

> 克己反禮，壯莫甚焉，故易於《大壯》見之。克己，下學上達交相養也，下學則必達，達則必上，蓋不行則終何以成德？明則誠矣，誠則明矣，克己要當以理義戰退私己，蓋理乃天德，克己者必有剛強壯健之德乃勝己。……人所以不能行己者，於其所難者則憚，其異俗者雖易而羞縮。惟心弘則不顧人之非笑，所趨義理耳，視天下莫能移其道。然為之人亦未必怪，正以在己者義理不勝憚與羞縮之病，消則有長，

> 不消則病常在，消盡則是大而化之之謂聖。意思齷齪，無由
> 作事。在古氣節之士冒死以有為，於義未必中，然非有志概
> 者莫能。況吾於義理已明，何為不為？正以不剛。惟大壯乃
> 能克己，蓋君子欲身行之，為事業以教天下。今夫為長者折
> 枝，非不能也，但恥以為屈而不為耳，不顧義理之若何。⑮

此處以「克己復禮」解釋《大壯》卦義，認為克己返禮是以理義戰
退私欲，是剛壯之德，故曰「大壯」。張載此意，亦見於對《習坎
卦》象傳「習坎，重險也，水流而不盈，行險而不失其信」的解
釋：

> 坎，維心亨，故行有尚。外雖積險，苟處之心亨不疑，則雖
> 難必濟而往有功也。今水臨萬仞之山，要下即下，無復凝滯
> 之在前，惟知有義理而已，則復何迴避，所以心通。⑯

指人於義理不應遲疑實踐，要如水臨萬仞之山，要下即下。又如對
《離卦》九三「日昃之離」的注解：

> 明正將老，離過於中，故哀樂之不常其德，凡人不能久也。
> 故君子為德，夭壽不貳。⑯

---

⑮　《橫渠易說·大壯·象》。
⑯　《橫渠易說·習坎·象》。
⑯　《橫渠易說·離·九三》。

此以日中則昃，喻人的哀樂為短暫無常，故君子應為德終身。又論為善去惡要務本，如釋《夬卦》象「……『孚號有厲』，其危乃光也……『利有攸往』，剛長乃終也」：「不可以必勝而忽慢，故能衿慎則愈光也。除惡務本，故利有所進而後為德乃終。」⓲其解《艮卦》「艮其背，不獲其身，行其庭，不見其人，無咎」曰：

> 雖處喧闐，亦無害於為學。有人於此，或日月而至焉，亦有終日而不至者，及其久也，去者常少。若居於家，聞嬰孩之啼則有不忍之心，聞奴婢喧戾則猶有不容之意，至於市井紛囂一不與我事，何傷於存神養志。⓳

此言修養德性應不為喧鬧環境所影響。又解《艮卦》象傳「時止則止，時行則行，動靜不失其時，其道光明」曰：

> 學者必時其動靜，則其道乃不蔽昧而明白。今人從學之久，不見進長，正以莫識動靜，見他人擾擾，非關己事而所修亦廢。由聖學觀之，冥冥悠悠，以是終身，謂之光明可乎？⓴

乃責人應時刻用心於德性修養，莫悠悠而過。

　　3.以靜心為工夫解《復卦》等

⓲　《橫渠易說・夬・象》。
⓳　《橫渠易說・艮》。
⓴　《橫渠易說・艮・象》。

張載論德性修養，多言靜心工夫，如《復卦》象傳「『反復其
道，七日來復』，天行也」注解：

> 天何嘗有息……此動是靜中之動，靜中之動，動而不窮……
> 自有天地以來以迄於今，蓋為靜而動。天則無心無為，無所
> 主宰，恆然如此，有何休歇？人之德性亦與此合，乃是己
> 有，苟心中造作安排而靜，則安能久。然必從此去，蓋靜者
> 進德之基也。❻

此言天之運行乃靜中之動，無有休歇，並引申言及人之修德應像天
之運行般自然而無造作，如此方能久。又如《大畜卦》象傳「天在
山中，大畜，君子以多識前言往行以畜其德」注解：

> 強學者往往心多好勝，必無心處之乃善也。定然後始有光
> 明，惟能定己是光明矣，若常移易不定，何來光明？……定
> 則自光明，故《大學》定而至於能慮。人心多則無由光明。❻

又如《咸卦》九三「咸其股，執其隨，往吝」注解：

> 心寧靜於此，一向定疊，前縱有何事亦不恤也，休將閒細碎
> 在思慮。……已過、未來者事著在心，畢竟何益。浮思游想

---

❻　《橫渠易說·復·象》，「天行也」注解。
❻　《橫渠易說·大畜·象》。

盍去之，惟圖向去日新可也。⑯

以上皆言定心工夫。

(二)人倫方面

張載解《坤卦》卦辭「西南得朋，東北喪朋，安貞吉」也是相當具有特色。他說：

> 「西南得朋，東北喪朋」，江沱之間，有嫡不以其媵備數，
> 是不能喪朋也；媵遇勞而無怨，卻是能喪朋者，其卒嘯也
> 歌，是乃終有慶也。此婦人之教大者也。西南，致養之地，
> 東北，反西南者也，陰陽正合，則陰相對者必陽也。「西南
> 得朋」，是始以類相從而來也。「東北喪朋」，喪朋，相忘
> 之義，聽其自治，不責人，不望人，是喪其朋也，喪朋則有
> 慶矣。江有沱，有汜，有渚，皆是始離而終合之象也。有嫡
> 不以其媵備數，是不能喪朋；媵遇勞而無怨，是能喪朋也，
> 以其能喪朋，故能始離而終合。之子歸，自嫡也；不我以，
> 不我與，不我過，皆言其始之不均一也。其後也悔，嫡自悔
> 也。處，既安既處之處也，始離而終既處也。歌是乃終有
> 慶，慶則同有慶。⑱

此是引用《詩經·國風·召南·江有汜》：「江有汜，之子歸，不

---

⑯　《橫渠易說·咸·九三》，「咸其股，執其隨，往吝」注解。

⑱　《橫渠易說·坤》。

我以，不我以，其後也悔。江有渚，之子歸，不我與，不我與，其
後也處。江有沱，之子歸，不我過，不我過，其嘯也歌。」《正
義》：「江有汜，美媵也。勤而無怨，嫡能悔過也。文王之時，江
沱之間，有嫡不以其媵備數，媵遇勞而無怨，嫡亦自悔也。」張載
以《詩經》典故解釋《坤卦》卦辭，並以其為婦人之教。西南為坤
位，二女共嫁一夫，為得朋，即是乃與類行。嫡怕媵妾奪取自己的
地位而排擠媵，即所謂不以其媵備數，此即不能喪朋。然而媵卻勞
而無怨，能忘記嫡對自己的歧視，此即東北喪朋。嫡因此受感動而
自悔，嘯之以歌，與媵和睦相處，即是乃終有慶。此外，張載對
《家人卦》象傳「風自火出，家人」亦從人倫方面來解釋：

> 家道之始，始諸飲食烹飪，故曰風自火出。家人道在於烹
> 爨，一家之政，樂不樂，平不平，皆繫乎此。⑯

此是以家道始於烹飪，上巽下離為風自火出而象烹煮食物之貌，故
為家人。

㈢政事方面

除前述道德修養與人倫兩方面，張載還有從政事方面來闡發
的。如釋《否卦》象傳「上下不交而天下無邦」：

> 蓋言上下不交便天下無邦，有邦而與無邦同，以不成國體
> 也。在天下，他國皆無道，只一邦治，亦不可言天下無道，

---

⑯　《橫渠易說·家人·象》。

須是都不治然後是天下無道也。於否之時，則天下無邦也。
古之人，一邦不治，別之一邦，直至天下皆無邦可之，則止
有隱耳。無道而隱，則惟是有朋友之樂而已。子欲居九夷，
未敢必天下之無邦，或夷狄有道，於今海上之國儘有仁厚之
治者。**⑰**

按，《否卦》乾上坤下，天在上而地在下，故象傳言「上下不
交」。張載則就「天下無邦」予以引申，言古人以有道之邦而居
之，天下皆無道方才隱而不仕。

四、考訂錯簡二處

宋人疑經風氣頗盛，如皮錫瑞《經學歷史》：「陸游曰：『唐
及國初，學者不敢議孔安國、鄭康成，況聖人乎。自慶曆後，諸儒
發明經旨，非前人所及；然排《繫辭》，毀《周禮》，疑《孟
子》，譏《書》之《胤征》、《顧命》，黜《詩》之序，不難於議
經，況傳注乎。』案宋儒撥棄傳注，遂不難於議經。排《繫辭》謂
歐陽修，毀《周禮》謂修與蘇軾、蘇轍，疑《孟子》謂李覯、司馬
光，譏《書》謂蘇軾，黜《詩序》謂晁說之。」**⑰**

張載於《周易》一書亦疑其錯簡，有考訂《繫辭》二處。其一
為「天一，地二，天三，地四，天五，地六，天七，地八，天九，
地十」：

---

⑰　《橫渠易說・否・象》。

⑰　皮錫瑞《經學歷史》頁 220，北京，中華書局，1959 年。

> 此語恐在「天數五，地數五」處。然聖人之於書，亦有不欲
> 併以一說盡，慮易知後則不復研究，故有易有難，或在此
> 說，或在彼說，然要終必見，但俾學者潛心。❶⓮

按，此二十字在《漢書·律曆志》引《易經》文中，乃列於「天數
五」之前❶⓯。程頤亦以為是簡編失次，朱熹《易本義》依程說，將
此連同「天數五，地數五」至「成變化而行鬼神」八句，皆移置
「大衍之數」之上，後世多據此本。另一處為「易曰，自天祐之，
吉無不利。子曰，祐者，助也，天之所助者順也」：

> 「易曰自天祐之」此言宜在「立心勿恒凶」下，蓋上言「莫
> 益之」，故此言多助也。❶⓰

以上為張載考訂錯簡二處。

---

❶⓮　《橫渠易說·繫辭上》，「天一，地二，天三，地四，天五，地六，天
七，地八，天九，地十」注解。
❶⓯　《漢書》第二十一卷《律曆志第一上》：「故《易》曰：『天一地二，天
三地四，天五地六，天七地八，天九地十。天數五，地數五，五位相得而
各有合。天數二十有五，地數三十，凡天地之數五十有五，此所以成變化
而行鬼神也。』」
❶⓰　《橫渠易說·繫辭上》，「易曰，自天祐之，吉無不利。子曰，祐者，助
也，天之所助者順也」注解。

第四章　張載道學(上)：道體——《橫渠易說》、《正蒙》等著作通解

　　第四章、第五章論述張載道學。欲探張載道學，當貫通張載各著作，亦即除《橫渠易說》、《正蒙》這兩部主要著作外，其餘如《經學理窟》、《張子語錄》、《文集佚存》及《拾遺》等亦須一併留意。

　　「道學」又稱「理學」，有關道學或理學的名稱問題，學者各有所見。如馮友蘭❶認為，道學和理學這兩個名稱，自清朝以來就是互相通用的，但道學之名較為合適，因道學之名出現較理學之名為早，如程頤《祭李端伯文》：「自予兄弟倡道學，世方驚疑。」❷

---

❶　馮友蘭《略論道學的特點、名稱和性質》，收入於《論宋明理學——宋明理學討論會論文集》，頁 37-56，浙江人民出版社，1983 年。

❷　《二程全書》，《伊川文集》卷 2。姜廣輝則認為，北宋學者首先用道學稱其學，當推王開祖，如南宋學者陳謙《儒志先生學業傳》說：「儒志先生王景山，諱開祖……所著書多不出，惟《儒志》一編……最末章曰，『由孟子以來，道學不明』……宋興來百年，經術道微，伊洛先生未作，景山獨能研精覃思，發明經蘊，倡明道學二字。」見姜廣輝《宋代道學定名緣起》，發表於《中國哲學》第 15 期，1992 年，頁 240-246。

理學之名則出現較晚，約在南宋。且從哲學史的發展來看，道學此稱有其歷史淵源，可說明一些哲學史發展的跡象。在韓愈《原道》中，即提出一道統，道學的道，即韓愈的道。因此，使用道學之名較為合適。此外，理學之名會讓人誤以為是與心學相對的那種理學，引起混亂，不易分別道學中的程朱和陸王兩派，故只有用道學才能概括理學和心學。張立文❸和陳來❹則認為，道學之名❺雖早出於理學之名，但道學的範圍較理學相比為小，故稱理學較為適當。北宋的理學在當時即稱為道學，而南宋時理學的分化，使得道學之稱只適用於南宋理學中的程朱一派。後《宋史》立《道學傳》，以周、張、二程、朱熹為主，其著眼也在程朱派。由此可知，宋代道學之名，專指伊洛系統，並不包括心學及其他學派。至明代，道學的名稱就用得更少。所以總體上說，道學是理學起源時期的名稱，在整個宋代它是理學主流派的特稱，不足以囊括理學的全部。至於理學之名，始於南宋，但此處理學乃指義理之學。明代以後，理學專指宋代以來形成的學術體系，如此理學便包括道學和心學，如黃宗羲《明儒學案·發凡》：「從來理學之書，前有周海

---

❸　張立文《關於宋明理學的幾個問題》，《宋明理學邏輯結構的演化》，頁493-509，臺北，萬卷樓圖書有限公司，1993年。

❹　陳來《宋明理學》，頁8-15，遼寧教育出版社，1992年。

❺　張立文指出，道學之名，北宋已有，南宋周密引沈仲固之言曰：「道學之名，起於元祐，盛於淳熙。」指的是程頤元祐二年（1087年）《又上太皇太后書》，其言曰：「誠如是，則將見道學日明，至言日進……。」但此處道學，並非指特定學派之名。然程頤有時也稱其學說為道學，如「自予兄弟倡明道學」，此時道學之稱只是程門學說。至南宋淳熙年間，道學興盛，朱熹等倡道學，則道學指程朱學派。

門《聖學宗傳》，近有孫鐘元《理學宗傳》，諸儒之說頗備。……
嘗謂有明文章事功，皆不及前代，獨於理學，前代之所不及也。」
❻又如孫奇逢的《理學宗傳》，即包括道學和心學。清康熙年間
《性理精義》陸九淵亦在其中。又清代所修《撫州府志》和《金谿
縣志》，皆將陸九淵放入《理學傳》。凡此，皆是將理學作為道學
和心學的總名。因此，從歷史演變的過程來考察，應是理學包括程
朱道學和陸王心學，而非道學包括理學和心學。以上二種意見，各
有其理，但無論是前者的以道學包括理學和心學，還是後者的以理
學包括道學和心學，稱張載「道學」皆是可以的。即使據後者觀
點，道學是理學起源時期的名稱，北宋的理學在當時即稱為道學，
而張載即為北宋理學起源時期的重要人物之一，故本書採「道學」
一詞。

　　北宋諸儒治經，有改漢唐的章句注疏，而多着意於經義的創
發，以求通經致用、通經明道，如孫復說：「專守王弼、韓康伯之
說而求於大《易》，吾未見其能盡於大《易》也。專守左氏、公
羊、穀梁、杜、何、范氏之說而求於《春秋》，吾未見其能盡於
《春秋》也。專守毛萇、鄭康成之說而求於《詩》，吾未見其能盡
於《詩》也。專守孔氏之說而求於《書》，吾未見其能盡於《書》
也。」❼此重視闡明經書義理的學風，與道學的興起有著密切的關
係。朱熹說：「理義大本復明於世，固自周、程，然前此諸儒亦多
有功，舊來儒者不越注疏而已，至永叔、原父、孫明復諸公始自出

---

❻　　《明儒學案》，《發凡》，《四部備要》本。
❼　　《全宋文》卷401，《寄范天章書二》。

議論。」❽道學家即是藉由對經書的注解與闡述，表達其道學思想，張載道學亦然。

陳來❾曾提出道學的特點：(1)以不同方式為發源於先秦的儒家思想提供了宇宙論本體論的論證；(2)以儒家的聖人為理想人格，以實現聖人的精神境界為人生的終極目的；(3)以儒家的仁義禮智信為根本道德原理，以不同方式論證儒家的道德原理具有內在的基礎，以存天理去人欲為道德實踐的基本原則；(4)為了實現人的精神的全面發展而提出並實踐各種為學工夫即具體的修養方法，這些方法的條目主要來自《四書》及早期道學的討論，而特別集中於心性的工夫。以上所言甚得道學之旨，然而卻忽略儒佛之辨這一特點。道學家多留心於儒佛之辨，乃錢穆所言「針對釋老而求發揚孔子之大道與儒學之正統」❿。北宋時代，佛教在帝王的提倡下相當興盛⓫，官方主持譯經，並刊行大藏經⓬。道學家則以儒家立場，汲取佛教

---

❽　《朱子語類》卷 80，臺北，正中書局，1970 年。

❾　《宋明理學》頁 14。

❿　錢穆《朱子學提綱》，頁 19，《朱子新學案》，《錢賓四先生全集》，臺北，聯經出版社，1994 年。

⓫　如湯用彤《隋唐佛教史稿》附錄二，《五代宋元明佛教史略》：「佛法至宋太祖太宗而中興，太宗獎勵尤甚。太祖即位數月，即解除顯德（960年）毀法之令，佛寺重興，銅像復出，敕定長春節賜百官宴於相國寺，詔普度童行八千人。太宗即位之年，詔普度天下童子十七萬人。日本、高麗、南海均以佛法因緣與我交通。至若立寺設齋，禮佛聽經，太祖太宗之世，史不絕書。」北京，中華書局，1982 年。

⓬　官方譯經，自唐元和六年（821）中斷後，於北宋太平興國七年（982）設譯經院又告恢復，並設有印經院，新譯經典一律入藏。北宋時並刊刻大藏經，自開寶四年至太平興國八年（971-983），歷時十二年，版成十三萬

在萬有實相及心性修養方面的理論與實踐方法，入而出之，建立起以儒學經典為所據，以天道性命為主體，以闢佛老為要旨的道學思想。

此兩章探討張載道學，以展現其大體為宗旨。本章所論為道體。道體者，乃「性之本原，道之體統，蓋學問之綱領也」❸，即關乎萬有之實相及人性之內涵。

第一節　「太虛即氣」的基本命題

「太虛」，或稱「虛空」，或簡稱「虛」❹，是張載道學的根本概念之一，在《橫渠易說》與《正蒙》這兩部著作中反覆出現。其「太虛即氣」的基本命題，貫穿張載道學，衍生出一些重要思想。可以說，掌握住「太虛即氣」，即能理解張載道學之大要❺。以下分三方面討論。

塊，號為開寶藏，為後來官私及各國刻藏之依據，影響深遠。見黃敏枝《宋代佛教社會經濟史論集》第一章，《宋代佛教概論》，頁 5-6，臺灣學生書局，1989 年。

❸　朱熹《近思錄》，臺灣商務印書館，1976 年。

❹　如朱建民：「張載亦有一些與太虛同義異名之詞──虛、虛空、虛無；『虛』實即『太虛』之簡稱，如『氣本之虛』；『虛空』、『虛無』則為對治佛老之遮撥語，如『知虛空即氣』。」見《太虛與氣之關係之衡定》，《張載思想研究》，頁 139-162，臺北，文津出版社，1989 年。

❺　如王植《正蒙初義·臆說》亦言：「太虛二字，是看正蒙入手關頭。於此得解，以下迎刃而解矣。」《四庫全書》本。

一、以言實相

關於「太虛即氣」，張載說：

> 氣之聚散於太虛，猶冰凝釋於水，知太虛即氣，則無無。故
> 聖人語性與天道之極，盡於參伍之神，變易而已。[16]

此以水冰之喻，解釋氣與萬物的關係，氣聚形成萬物就如同水凝為
冰；萬物消失後，其氣又回返太虛之中，如冰釋為水。可見太虛與
氣乃以言萬物的根本實相，是關乎性與天道的。又說：「知虛空即
氣，則有無、隱顯、神化、性命通一無二，顧聚散、出入、形不
形，能推本所從來，則深於易者也。」[17]此言能知太虛即氣，則能
推知本原，明瞭變易之道。

但何謂「太虛即氣」？學者爭議頗多[18]，關鍵在於對「即」字
的解釋有所不同。其一解「即」為「即是」、「就是」之意，以是
「太虛即氣」乃太虛是氣之意；其二解「即」為「相即」、「不
離」之意，由此「太虛即氣」為太虛相即於氣之意。第一種解釋如
馮友蘭[19]等人，以太虛與氣皆為形而下的物質，氣之不可見而無形

---

[16]　《正蒙·太和篇第一》。

[17]　《正蒙·太和篇第一》。

[18]　參見朱建民《太虛與氣之關係之衡定》，《張載思想研究》第 139-162
　　　頁，及張亨《張載「太虛即氣」疏釋》，《臺大中文學報》第 3 期，1989
　　　年，頁 55-97。

[19]　馮友蘭《中國哲學史》頁 853：「在其散而未聚之狀態中，此氣即所謂太
　　　虛。」上海，神州國光社，1931 年。

者為太虛，並因此將張載歸於唯氣論以及唯物主義者；第二種解釋如牟宗三❷等人，視太虛為形而上的本體，與形而下的氣乃體用不離之關係。

　　欲解釋「太虛即氣」，此處不從即字入手，而從張載論太虛之說，探得太虛之義。張載說：

> 釋氏語實際，乃知道者所謂誠也，天德也。其語到實際，則以人生為幻妄，以有為為疣贅，以世界為陰濁，遂厭而不有，遺而弗存。……彼欲直語太虛，不以晝夜陰陽累其心，則是未始見易。❷

按，實際即是真際，或稱實相，指的是宇宙萬有的本體，乃萬象變遷之中不變的終極本質。首句言「釋氏語實際」，後又言「彼欲直語太虛」，則可知太虛即實際之謂。因此，太虛是本體，氣之聚散變化形成宇宙間各現象，太虛與氣是相即的關係，亦體用相即之意。體用概念是張載批駁佛老所使用的，詳見後述。

　　此外，張載以太虛一詞言本體，學者多稱是為破佛老之偏。如王植說：「張子見道原，從儒釋異同處入手，故其言太虛，皆與釋氏對照。」❷「太虛」一詞最早見於《莊子·知北遊》「不遊乎太

---

❷　牟宗三：「是以此即字是圓融之即，不離之即，通一無二之即，非等同之即，亦非謂詞之即。」《心體與性體》（一），頁 458-459，臺北，正中書局，1968 年。

❷　《正蒙·乾稱篇第十七》。

❷　《正蒙初義·臆說》。

虛」，為太空、虛空之義。張載的太虛，則言虛氣相即，是為破除道家偏於「無」為根本的概念。另一方面，佛家言「空」，張載言太虛即氣，則強調本體與現象的不離，以批評佛教執空之弊。

　　氣於太虛之中，聚散變化不已，如張載說：「氣块然太虛，升降飛揚，未嘗止息，《易》所謂絪縕，莊生所謂生物以息相吹、野馬者與。……浮而上者陽之清，降而下者陰之濁，其感通聚結，為風雨，為雪霜，萬品之流形，山川之融結，糟粕煨燼，無非教也。」❷此言氣充塞太虛之中，如《周易》所說的絪縕，又如同《莊子》所比喻的野馬塵埃，飛揚於空中。劉璣注：「块，塵埃也，氣在太虛之中，如塵埃也。春秋晝夜，升降飛揚，未嘗有一息之停，故《易》謂其絪縕，《莊子》狀以野馬也。以息相吹，息，即鼻息，吹，猶呼吸之謂。氣在太虛，升降不已，如息之呼吸，而萬物賴之以生者也。」❷氣又有陰陽之別，陽氣輕浮而上升，陰氣重濁而下降，二氣相感而凝聚成風雨雪霜，為山川草木等萬物萬象。張載又說：「天地之氣，雖聚散攻取百塗，然其為理也順而不妄。氣之為物，散入無形，適得吾體；聚為有象，不失吾常。太虛不能無氣，氣不能不聚而為萬物，萬物不能不散而為太虛。」❷以太虛言本體，以氣為所以形成萬物之材質，氣聚散於太虛，成大千世界，然其本體及氣未嘗有所增減，以氣釋萬物這一點將於下一節詳述。

---

❷　《正蒙·太和篇第一》。
❷　《正蒙會稿》卷1，《叢書集成新編》本。
❷　《正蒙·太和篇第一》。

總之，張載以太虛與氣來論述本體與現象之間的關係。二程說：「橫渠言氣，自是橫渠作用立標以明道。」❷⑥可見張載以氣明道之意。又，現象的生成與消滅，實際上皆是氣的聚散變化，從此處並推演出其人生觀，見於下段。

二、以通天人

張載論學，重在知天以知人，因此他「以為知人而不知天……此秦漢以來學者大蔽也」❷⑦。以天道作為人道的理論依據，如《中庸》「天命之謂性，率性之謂道」，是為宋代道學的特點，張載亦不例外。張載從天道至人道，不僅是一相承的次序，還是相互貫通的。

張載在論人性方面，運用「太虛即氣」這一基本命題，表現出天人的相通：

　　由太虛，有天之名；由氣化，有道之名；合虛與氣，有性之名；合性與知覺，有心之名。❷⑧

合虛與氣，即指太虛與氣。張載此言，據張伯行注：「虛與氣，在天者也。合天之理氣而屬於人之身，則有性之名。性無為而氣有知覺者也，合無為之性而運於知覺之氣，則有心之名。」❷⑨故人之性

---

❷⑥　《二程全書・遺書五》。

❷⑦　《宋史・列傳一百八十六》。

❷⑧　《正蒙・太和篇第一》。

❷⑨　《濂洛關閩書》。

與心皆由宇宙根本而來，可見其中天道與人道之相通貫。張載論人性，分天地之性與氣質之性，天地之性是從太虛而來，氣質之性是從氣而來的，由此可見張載的太虛與氣之貫通天人。

　　如前所言，太虛與氣是本體與現象的關係，而氣於太虛，是不斷聚散往復，而非生成爾後消亡的。因此，張載說：

> 太虛者，氣之體。氣有陰陽，屈伸相感之無窮，故神之應也無窮；其散無窮，故神之應也無數。雖無窮，其實湛然；雖無數，其實一而已。陰陽之氣，散則萬殊，人莫知其一也；合則混然，人不見其殊也。形聚為物，形潰反原。❸⓿

此言氣散為萬殊，其實皆一氣而已，故稱為一。氣聚為物，氣散反原，皆一氣之變化耳。王夫之注：「有形有象之後，執形執象之異，而不知其本一。象未著，形未成，人但見太虛之同於一色，而不知其有陰陽自有無窮之應。」❸❶故不僅是在本體上，萬物同一本體，在形成的過程中，亦皆是陰陽二氣的作用變化。這也是《西銘》所言：「乾稱父，坤稱母。予茲藐焉，乃混然中處。故天地之塞，吾其體；天地之帥，吾其性。民吾同胞，物吾與也。」❸❷此以乾坤為純陰純陽至剛至柔之二氣，為萬物的父母，如朱熹注：「天陽也，以至健而位乎上，父道也。地陰也，以至順而位乎下，母道

---

❸⓿　《正蒙·乾稱篇第十七》。
❸❶　《張子正蒙注》卷 9。
❸❷　《正蒙·乾稱篇第十七》。

也。」❸萬物皆由乾坤之氣所成，故萬物同一父母，故曰民吾同胞，物吾與也。張橫浦則注曰：「吾之體不止吾形骸，塞天地間如人、如物、如山川、如草木、如禽獸昆蟲，皆吾體也。吾之性不止於視聽言貌，凡天地之間若動作、若流峙、若生植飛翔潛泳，必有造之者，皆吾之性也。既為天地生成，則凡與我同生天地者，皆同胞也。既同處於天地間，則凡林林而生、蠢蠢而植者，皆吾黨與也。」❸

　　張載從太虛與氣所衍繹而來的思想，還表現在其生死觀上。張載說：

　　　　聚亦吾體，散亦吾體，知死之不亡者，可與言性矣。❸

此言氣聚即吾生，氣散即吾滅，但氣雖散而回返太虛，則吾本性未嘗消亡，故曰死而不亡。這可與另一句相參：

　　　　盡性，然後知生無所得，則死無所喪。❸

生死事大，世人多以生為可愛而死為可怖，得失之心深切，張載以為這是未能盡性而以得失心看待生死的緣故。惟有洞察實相的人，體悟到宇宙萬有乃氣之聚散，氣聚則生，氣散則死，但氣本身並未

---

❸　《張子全書》卷1，朱軾本。
❸　《宋元學案》卷17，《橫渠學案》。
❸　《正蒙・太和篇第一》。
❸　《正蒙・誠明篇第六》。

消亡，故聚亦吾體，散亦吾體。若能有此體認，則知雖生而並無所得，雖死而並無所失。這個觀點，亦表現在張載此言：「氣之為物，散入無形，適得吾體；聚為有象，不失吾常。」❸物之生滅，乃氣之聚散作用，氣散之時，雖無形體，但亦非消亡，而是回到存有的本原；氣聚之時，顯現為形體，亦不離此本原。張載又說：「海水凝則冰，浮則漚。然冰之才，漚之性，其存其亡，海不得而與焉。推是足以究死生之說。」❸此與水冰之喻相似，而言「推是足以究死生之說」。生死之事是人生中最為困惑，也是最難以平心接受的事。張載以太虛與氣所建立的道論，安頓生死，「學者但養心識明靜，自然可見，死生存亡皆知所從來，胸中瑩然無疑，止此理爾」❸。這也即是《西銘》所言「存，吾順事；沒，吾寧也」的人生態度。故王夫之譽張載之學為「貞生而安死」❹。

三、以駁佛老

張載提出「虛空即氣」基本命題的另一目的，是在批駁佛道二家。也就是說，張載主要藉由對「虛空即氣」的闡發，以批評佛道二家的實相觀。儒佛之辨及儒道之辨在道學中具有獨特地位，因道學家多是出入佛老而建立道學的，如朱熹說：「異端之辨，尤不可以不明。苟於此有毫釐之未辨，則貽害於人心者甚矣。」❹儘管所

---

❸　《正蒙·太和篇第一》。

❸　《正蒙·動物篇第五》。

❸　《經學理窟·學大原》。

❹　《張子正蒙注·序論》。

❹　《近思錄》卷13。

辨未嘗無失，然多能深入佛道二家理論而排拒之，如張載作《正蒙》，即是「與浮屠老子辯」❷。

張載以「虛空即氣」之說批駁佛老：

> 知虛空即氣，則有無隱顯，神化性命，通一無二，顧聚散出入形不形，能推本所從來，則深於《易》者也。若謂虛能生氣，則虛無窮，氣有限，體用殊絕，入老氏「有生於無」自然之論，不識所謂有無混一之常。若謂萬象為太虛中所見之物，則物與虛不相資，形自形，性自性，形性天人不相待而有，陷於浮屠以山河大地為見病之說。此道不明，正由懵者略知體虛空為性，不知本天道為用，反以人見之小，因緣天地。明有不盡，則誣世界乾坤為幻化；幽明不能舉其要，遂躐等妄意而然。不悟一陰一陽，范圍天地，通乎晝夜，三極大中之矩，遂使儒、佛、老、莊混然一途。語天道性命者不罔於恍惚夢幻，則定以「有生於無」為窮高極微之論。入德之途，不知擇術而求，多見其蔽於詖而陷於淫矣。❸

張載認為，虛空或太虛為形而上的宇宙本體，而氣為形而下的作用以成萬物，虛空與氣是不二的，所謂「虛空即氣」。此處張載批評佛老，是運用他所建立的虛氣等概念：道家如老子的「有生於無」是虛能生氣，將使得虛無窮而氣有限，成為體用殊絕；而佛家特別

---

❷　《正蒙・范育序》。
❸　《正蒙・太和篇第一》。

是唯識宗，將萬物萬象視為心體，如所謂阿賴耶識，受煩惱業力所牽引而捲起的幻化相，如佛家「心為工畫師，能現六道相」，則萬物與太虛兩不相干，亦成體用殊絕。張載並指出，佛道兩家皆好談道體，「馳騁說辭，窮高極幽」❹，也都略知萬物的本體應是無形象的超越性的道，但卻不知「本天道為用」，且重體輕用，甚或有體無用，如佛家以世界為幻化之說。張載認為，如果對世界實相不夠明瞭，以「世界乾坤為幻化」或是「以『有生於無』為窮高極微之論」，將使儒道佛混然不辨，有害於德。

張載又批評佛道兩家：

> 太虛不能無氣，氣不能不聚而為萬物，萬物不能不散而為太虛。……彼語寂滅者往而不反，徇生執有者物而不化，二者雖有間矣，以言乎失道則均焉。❺

劉璣注：「彼釋氏專語寂滅，老氏徇生執有，不知太虛不能不聚而為萬物，萬物不能不散而為太虛。故一則往而不反，槁木死灰之不悟；一則物而不化，辟穀飲氣之是迷。」❻張載所論道體，太虛與氣這本體與現象的生成消散之間，是循環往復的，此即「氣不能不聚而為萬物，萬物不能不散而為太虛」。此一道論，表現出對體與用二者的重視，而不偏執於一邊。由此，張載批評佛教求證真如本

---

❹　《正蒙·大易篇第十四》。

❺　《正蒙·太和篇第一》。

❻　《正蒙會稿》卷1。

性是往而不反，滯於本體；批評道教追求長生成仙是物而不化，執於現象。

　　張載又針對佛道二家之弊說：

> 過則溺於空，淪於靜，既不能存其神，又不能知夫化矣。大抵過則不是著有，則是著無。聖人自不言有無，諸子乃以有無為說。說有無，斯言之陋也。**❹**

佛教以空性為實相，較易偏於空的強調而執於空；道家言有無，言「歸根曰靜，是謂復命」**❹**，亦偏重對虛靜的強調。佛教求證道，道教求成仙，皆是偏於對根本不變之體的重視，而對萬象較為輕忽。其中「聖人自不言有無」、「說有無，斯言之陋」等語，是特別針對道家而發，如張載又說：「大易不言有無，言有無，諸子之陋也。」**❹**道家言有生於無，其錯誤在於以有形可見為有，以無形不可見為無，如此只知有明，不知有幽。《周易》言變易，即由幽到明，由明到幽，而道家專言有無。其實「有」乃有形，「無」乃無形，無形之物，並非虛無。張載又說：「氣……方其聚也，安得不謂之客？方其散也，安得遽謂之無？故聖人仰觀俯察，但云知幽明之故，不云知有無之故。」**❺**此以幽明解釋氣之聚散。氣聚而為有形之物，目可見；氣未凝聚則為無形之物，目不可見。但氣聚為

---

❹　《橫渠易說·繫辭上》，「範圍天地之化而不過」注解。

❹　《老子》第十六章。

❹　《正蒙·大易篇第十四》。

❺　《正蒙·太和篇第一》。

有形之物，僅為暫時的狀態，故稱之為客，而當氣散之時，雖為無形之象，但並非虛無，因此聖人只說幽明，不講有無。為駁斥道家有無的本體論，張載以「氣」貫穿本體與現象，他說：「氣之聚散於太虛，猶冰凝釋於水，知太虛即氣，則無有有無……諸子淺妄，有有無之分，非窮理之學也。」(51)此以水冰之喻，駁有無之分，以批評道家的有生於無之說。

張載又以不知窮理批評佛道二家：

> 釋氏妄意天性而不知範圍天用，反以六根之微因緣天地。明不能盡，則誣天地日月為幻妄，蔽其用於一身之小，溺其志於虛空之大，所以語大語小，流遁失中。其過於大也，塵芥六合；其蔽於小也，夢幻人世。謂之窮理可乎？不知窮理而謂盡性可乎？謂之無不知可乎？塵芥六合，謂天地為有窮也；夢幻人世，明不能究所從也。(52)

此言佛家昧於天命之性，動輒言見性，故為妄意天性。六根，指耳目鼻舌身意。因緣天地，是說以區區己意窺測，誣天地日月為幻妄。語大語小，是指塵芥六合，以天地為有窮，視如塵芥，此為語大；語小是指以人世為夢幻。張載又批評道：「儒者窮理，故率性可以謂之道。浮圖不知窮理而自謂之性，故其說不可推而行。」(53)

---

(51) 《正蒙·太和篇第一》。

(52) 《正蒙·大心篇第七》。

(53) 《正蒙·中正篇第八》。

又說：「萬物皆有理……釋氏便不窮理，皆以為見病所致。」❺此皆批評佛家的不知窮理。所謂窮理，指的是對道體的瞭解，也就是明瞭萬物存在的本質，亦可以識造化而為言，如：「聖人之意莫先乎要識造化，既識造化，然後其理可窮。彼惟不識造化，以為幻妄也。」❺此言佛家以萬象為幻化，在張載言是不識造化，即不知窮理。

此外，張載還批評佛教不知人，不知鬼，不知天：

> 浮屠明鬼，謂有識之死受生循環，遂厭苦求免，可謂知鬼乎？以人生為妄見，可謂知人乎？天人一物，輒生取舍，可謂知天乎？孔孟所謂天，彼所謂道。惑者指游魂為變為輪迴，未之思也。……自其說熾傳中國，儒者未容窺聖學門牆，已為引取，淪胥其間，指為大道。……此人倫所以不察，庶物所以不明，治所以忽，德所以亂，異言滿耳，上無禮以防其偽，下無學以稽其弊。……自非獨立不懼，精一自信，有大過人之才，何以正立其間，與之較是非，計得失。❺

張載以氣散而死為鬼，而佛家以為死而有生故曰輪迴，是不知鬼；又佛家以為人生乃四大假合，因以為幻妄，是為不知人；又天人本為一物，氣聚則生，氣散則亡，佛家捨人而取天，棄世間而取涅

---

❺　《張載集》，《張子語錄·中》。

❺　《橫渠易說·繫辭上》，「乾坤其易之縕邪……則乾坤或幾乎息矣」注解。

❺　《正蒙·乾稱篇第十七》。

槃，是為不知天。

張載弟子范育為《正蒙》作序中，概括張載對佛道的批評：「浮屠以心為法，以空為真，故《正蒙》闢之以天理之大，又曰『知虛空即氣，則有無、隱顯、神化、性命通一無二』。老子以無為為道，故《正蒙》闢之曰『不有兩則無一』。至於談死生之際，曰『輪轉不息，能脫是者則無生滅』，或曰『久生不死』，故《正蒙》闢之曰『太虛不能無氣，氣不能不聚而為萬物，萬物不能不散而為太虛』。」❺❼可見張載不論是批評佛家的以空為真，還是針對道家的以無為道，皆是以太虛與氣的概念來批駁。

第二節　以氣釋萬象

一、氣

「氣」的概念在先秦時代即已形成，並貫穿整個中國思想的發展，是中國思想的主軸概念❺❽，經常用於解釋萬物本原、宇宙形成、天體運行、四時變化及生物生長等問題，可說是「中國哲學的共通分母」❺❾。張載的思想一般被認為是「氣」的哲學，亦即以氣為中心所建構的思想體系。

張載論氣，說：「所謂氣也者，非待其蒸鬱凝聚，接於目而後

❺❼　《正蒙·范育序》。

❺❽　參見張立文主編《氣》，北京，中國人民大學出版社，1996 年。

❺❾　山田慶兒《傳統性自然哲學的思考方法》，《古代東亞哲學與科技文化──山田慶兒論文集》，遼寧教育出版社，1996 年。

知之，苟健、順、動、止、浩然、湛然之得言，皆可名之象爾。」❻
此言氣作為物象的構成，並非雲氣一類的氣體，而是在於有象，凡
剛健、柔順、運動、靜止、廣大、深遠等，皆是氣之象。朱伯崑說：
「此種對氣的解釋，來於漢易和孔疏。卦氣說講的陰陽二氣，指寒
暖二氣，已不是有形可見的蒸氣一類的氣體。張載吸收了這種觀
點，不以有形之氣為萬物本原之氣，以健順動靜為陰陽二氣的性
能，亦非始於張載。……如果說，氣作為古代哲學中的一種物質範
疇，照張載的說法，其外延更加廣泛了，其內涵更加深化了。」❻
　　張載以氣解釋萬物萬象的生成：

　　　　凡可狀，皆有也；凡有，皆象也；凡象，皆氣也。❻

此言一切存在之物皆為氣所構成。又說：「游氣紛擾，合而成質
者，生人物之萬殊。其陰陽兩端，循環不已者，立天地之大義。」
❻劉璣注：「游氣，以氣之流行者言。紛擾，參錯不齊之貌。陰陽
二氣在太虛中，惟其交會迭運，紛紛擾擾，故生出許多物來。形質
小大，萬有不齊，至其立天地之大義，卻不過陰陽兩端循環不息而
已。」❻即言天下之物儘管各有不同，但歸而言之，皆是陰陽兩氣
的作用。張載以陰陽兩氣為至健至順之意，乃是從《周易》而來。

---

❻　　《正蒙·神化篇第四》。
❻　　《易學哲學史》第二卷，頁 282-283。
❻　　《正蒙·乾稱篇第十七》。
❻　　《正蒙·太和篇第一》。
❻　　《正蒙會稿》卷 1。

張載又說：

> 造化所成，無一物相肖者，以是知萬物雖多，其實一物。無
> 無陰陽者，以是知天地變化，二端而已。❻❺

陰陽變化，所形成的萬物各有不同，天下沒有兩個東西是完全相同
的，但萬物雖多，究其實只是陰陽二氣的作用，在這個意義上萬物
可說是同一物。

二、萬象

　　張載氣論除涉及本體層次外，亦廣及現象論，也就是以氣來解
釋宇宙間的各種現象。以往道學研究，多集中於本體論的探討，然
其宇宙論一面亦不可忽視，如張載對天文的認識。兩漢時代，儒者
亦喜研討天體運行與結構等問題，雖則以今日學科分類視之，乃屬
於天文學的研究範圍，但這在當時卻是儒者所思考的問題。思想家
與科學家這兩種身份，經常是並存於古代學者身上的。如漢代張衡
是著名的科學家，其著作《靈憲》之中卻有一些宇宙演化等思想；
而桓譚《新論》、揚雄《太玄》及王充《論衡》等思想性著作中，
也有不少談天說日的天文理論。此種情形在道學中亦可見到，如宋
代沈括《夢溪筆談》以敘述科學技術為主，其中亦有氣論思想；朱
熹為道學大家，但對地質、化石及天象等也有興趣；清初宋應星除
名著《天工開物》，另著有《談天》、《論氣》等天文與哲學方面

---

❻❺　《正蒙·太和篇第一》。

的著作，亦體現出與張載思想相近的氣化宇宙觀；著有《物理小
識》等書的方以智，不僅研究物理等自然科學，還研究社會歷史，
企圖建立納自然科學、政治社會與哲學為一的體系。這種學術未分
化，即科學、即哲學的情形，在古代是很普遍的，西方社會也是如
此。張岱年說：「關學注意研究天文、兵法、醫學以及禮制，注意
探討自然科學和實際問題。」❻❻張載為關學的主要人物，張岱年此
言可說是注意到了張載學術中對自然科學的探討這一問題。張立文
也認為「理學與自然科學思想是緊密聯繫、不可分割的。理學不斷
吸收自然科學中的實證知識，發展自己的理論思維」❻❼，張載道學
亦是如此。以下分數點討論。

㈠天文

　　《正蒙・參兩篇》包含許多天文思想。對某些古代思想家而
言，其所建立的理論體系，是要解釋宇宙一切事物，上自天象，下
自人事，如揚雄《太玄》與張載《正蒙》皆是如此。張載將他對天
象的理解，融入於所創見的理論體系之中，表現出道學對天地事物
的思索。以下將《正蒙・參兩篇》的天文思想分三點討論。

　1.天體結構

　　古代的宇宙結構說❻❽有三種，分別是蓋天說、宣夜說及渾天
說。蓋天說是中國古代最早的天體學說，認為天圓地方，天像斗蓋

---

❻❻　見《關於張載的思想和著作》，收入於《張載集》。

❻❼　《宋明理學邏輯結構的演化》自序，臺北，萬卷樓圖書有限公司，1993
　　年。

❻❽　參見周桂鈿《秦漢思想史》第十九章，《天說的科學思想》，頁 491-
　　561。

般罩著地，每天旋轉一周，此說最早出自《周髀算經》；宣夜說認
為天是沒有形質的無限空間，見於《晉書·天文志》；渾天說的代
表著作為東漢張衡《渾天儀注》，認為天體如雞蛋一般，天將地包
於其中，如蛋殼包蛋黃，天與地之間則被水所包，可說浮於水中。
三者之中，要以渾天說影響較大，張載則將渾天說略為修改，說：
「地雖凝聚不散之物，然二氣升降其間，相從而不已也。」**⑥**又
說：「地純陰凝聚於中，天浮陽運旋於外，此天地之常體也。」**⑦**
王夫之注：「聚而成形者謂之陰，動而有象者謂之陽。天包地外，
地在天中，渾天之說如此。」**⑦**此固為渾天之說，但已有所修改，
認為地是在氣之中而非水之中懸浮運動著。

2. 天體與日月的左旋或右旋

在古代，人們基於實際觀測，認為天體的運行是由東向西，也
就是所謂左旋。然而，對於日月星辰的左旋或右旋，在漢代即有所
爭議。如王充《論衡·說日》：「日月……繫於天，隨天四時轉行
也。……天持日月轉，故日月實東行。」**⑦**是說日月由西向東旋
轉，迎天而行，因轉速較慢而被天體帶著向西旋，這與傳統由東向
西運行的說法有所不同。張載曾主張天體是右旋：

> 恒星不動，純繫乎天，與浮陽運旋而不窮者也。日月五星逆
> 天而行，并包乎地者也。地在氣中，雖順天左旋，其所繫辰

⑥　《正蒙·參兩篇第二》。
⑦　《正蒙·參兩篇第二》。
⑦　《張子正蒙注》卷 1。
⑦　《論衡》卷 11，《四部備要》本。

象隨之，稍遲則反移徙而右爾，間有緩速不齊者，七政之性
殊也。月陰精，反乎陽者也，故其右行最速；日為陽精，然
其質本陰，故其右行雖緩，亦不純繫乎天，如恆星不動。金
水附日前後進退而行者，其理精深，存乎物感可知矣。鎮星
地類，然根本五行，雖其行最緩，亦不純繫乎地也。火者亦
陰質，為陽萃焉，然其氣比日而微，故其遲倍日。為木乃歲
一盛衰，故歲歷一辰。❼❸

所謂七政，即日月五星的運行，是「逆天而行」，月的運行「右行
最速」，日的運行「右行雖緩，亦不純繫乎天，如恆星不動」，並
提到金木水火土五星的運行。此處張載以天體為右旋，然而另一方
面，張載又提到左旋，如：「天左旋，處其中者順之，少遲則反右
矣。」❼❹則指天為左旋，即由東向西，而「處其中者順之」，則謂
日月五星於天之中與天是相同的運行方向。如此，則與前者似有矛
盾。王夫之注亦曰：「其說謂七曜亦隨天左旋，以行遲而不及天，
人見其退，遂謂右轉，與曆家之說異，未詳孰是。而與前地旋而見
天之左，抑不相通。」❼❺也是以為張載之說前後矛盾不相通。對於
《正蒙・參兩篇》的天體旋轉問題，似前後說有不同，王夫之評論
說：「此篇備言天地日月五行之理數。理本於一而通極於萬變，以
因象數而見理之一原。但所言日月疾遲與曆家之言異……天象高

---

❼❸　《正蒙・參兩篇第二》。
❼❹　《正蒙・參兩篇第二》。
❼❺　《張子正蒙注》卷1。

遠，不能定其孰是，而以二曜南北發斂遲疾例之，則陽疾陰遲之說未可執據。愚謂在天者即為理，不可執理以限天。《正蒙》一書，唯此為可疑，善讀者存之以待論可也。」**⑦**王夫之認為張載有關天體運行的說法與天文曆法家之說有所出入，不僅如此，張載的說法還前後矛盾，王夫之以為這是《正蒙》一書中唯一可以質疑的部分，可以存而不論。故此處張載論天體運行之說，可以不必深究。

3. 日月盈虧

探討日月盈虧之理，也是古代天文思想中的重要部分。張載論月之盈虧：

> 虧盈法：月於人為近，日遠在外，故月受日光常在於外，人視其終初如鉤之曲，及其中天也如半璧然。此虧盈之驗也。**⑦**

此以月受日光且與地較近，來解釋月之盈虧。又論日月盈虧之理：「日質本陰，月質本陽，故於朔望之際，精魄反交，則光為之食矣。」**⑦**此按劉璣所解，日為陽之精，但其中有黑，故其質為陰；月為陰之精，然其受日之光，故其質本陽。月初為朔，乃日月相會之時，故為月虧；十五為望，為日月相對之際，故為月盈。精謂日，魄謂月，日月相會之時，若陰盛過陽，則日為月所掩，是日之陰反交於陰，日所以虧也；若日月相對，陽盛敵陰，則月為日所

---

⑦　《張子正蒙注》卷1。

⑦　《正蒙·參兩篇第二》。

⑦　《正蒙·參兩篇第二》。

掩，是月之陽反交於陽，月所以虧也。張載又說：「月所位者陽，故受日之光，不受日之精，相望中弦，則光為之食。」**❼❾**此處「月所位者陽」，指月所行處乃日所行處，故月受日光；「不受日之精」，言日乃陽抱陰，其質本陰，而月為陰，故不受日之陰；「相望中弦」，謂日月相對，當上下弦之中，為日之暗虛所射，則光為之蝕。張載有關日月盈虧的說法，王夫之以為當以「曆家之說為允」**❽⓪**，亦可不必深究。

(二)其他

張載的氣論，除解說天體的現象外，對自然界的風雨雲雷，及生存於天地間的動植物等，亦皆以氣來解釋。

1.風雨雲雷

張載論風雨雲雷，亦不外以陰陽相感而說：

> 陰性凝聚，陽性發散；陰聚之，陽必散之，其勢均散。陽為陰累，則相持為雨而降；陰為陽得，則飄揚為雲而升。……凡陰氣凝聚，陽在內者不得出，則奮擊而為雷霆；陽在外者不得入，則周旋不舍而為風。其聚有遠近虛實，故雷風有小大暴緩。**❽①**

此以陰陽二氣來解釋。蓋陰氣之性為凝聚內斂，陽氣之性為發散。

---

❼❾　《正蒙・參兩篇第二》。
❽⓪　《張子正蒙注》卷1。
❽①　《正蒙・參兩篇第二》。

雨和雲皆屬陰，陽為陰所迫而不得不降，以是有雨；若陽氣上升，帶動陰氣，則飄揚而上為雲。至於雷霆，是由於陽氣被包於陰氣中奮擊而出所致。若陰氣聚結於內，陽氣周旋於外，則成風。

2.動物植物

張載論動物植物：

> 動物本諸天，以呼吸為聚散之漸；植物本諸地，以陰陽升降為聚散之漸。[82]

劉璣注：「天陽而動者也，故動物皆本諸天。……呼者，氣一動而出，如口之呼；吸者，氣一斂而入，如口之吸。呼則聚，吸則散，此其漸也。如陽氣動而蟄蟲振，玄鳥至；天地肅而蟄蟲俯，玄鳥歸。此非以呼吸為聚散之漸乎？地陰而下者也，故植物皆本諸地。……升者，陰氣上升；降者，天氣下降。氣有升降則聚，氣不升降則散，此其漸也。如地天泰而草水萌動，天地否而草木黃落。此非以升降為聚散之漸乎？」[83]此處言呼吸，乃以天地之一呼一吸而有節氣之變化，而動物生息於其間；並以陰陽升降而有地天泰卦與天地否卦，以此二卦之象來言二卦之義。張載又說：「有息者根於天，不息者根於地。根於天者不滯於用，根於地者滯於方，此動植之分也。」[84]此言動物乃有鼻息者，其根於天，因天為陽氣，陽

---

[82]　《正蒙·動物篇第五》。

[83]　《正蒙會稿》卷2。

[84]　《正蒙·動物篇第五》。

氣屬動，故動物奔走於天地間而不滯於其用；植物則根於地，因地為陰氣而屬靜，故滯於方。此即動物與植物之異。

3. 鬼神

張載論鬼神，不同於傳統的人死為鬼之說。簡言之，亦以陰陽二氣為論。張載反對民間鬼神信仰：

> 今言鬼者不可見其形，或云有見者且不定，一難信。又以無形而移變有形之物，此不可以理推，二難信。……今之言鬼神，以其無形則如天地，言其動作則不異於人，豈謂人死之鬼反能兼天人之能乎？今更就世俗之言評之，如人死皆有知，則慈母有深愛其子者，一旦化去，獨不日日憑人言語託人夢寐存恤之耶？言能福善禍淫，則或小惡反遭重罰而大慈反享厚福？不可勝數。又謂人之精明者能為厲，秦皇獨不罪趙高，唐太宗獨不罰武后耶？又謂眾人所傳不可全非，自古聖人獨不傳一言耶？聖人或容不言，自孔孟而下，荀況、揚雄、王仲淹、韓愈，學亦未能及聖人，亦不見略言者。以為有，數子又或偶不言，今世之稍信實亦未嘗有言親見者。㊑

此處說明鬼之不可信。舉其理由，一為其形或不可見，故難信；其二為難以相信其有作用；再有則是提出質疑，如謂人死為鬼，則為何不見鬼之福祐其親人？又假使鬼能福善禍惡，則為何世間之事，不盡然皆是善有善報，惡有惡報？又舉歷史上人物，為何不見秦始

皇之鬼責罰趙高，唐太宗之鬼責罰武后？且歷代聖賢之人皆不言鬼神，今世言鬼神者又未有親眼所見。此處所言的鬼乃世人所言人死為鬼之意。

張載對鬼神，另有說法：「鬼神者，二氣之良能也。」[86] 良能者，陰陽二氣之自然者，屈伸往來，無心而能。故鬼神亦為陰陽兩氣之作用。朱熹以為此句甚好。張載又說：「天道不窮，寒暑也；眾動不窮，屈伸也；鬼神之實，不越二端而已矣。」[87] 天地間只是陰陽之氣的屈伸變化，屈為鬼，伸為神。此處將鬼神與天道相並為言，即陰陽兩氣的作用，如此可見張載之用心，即鬼神不過如天道變化般乃陰陽之作用，而非世俗所謂人死為鬼。《橫渠易說》討論鬼神，說：「自無而有，神之情也；自有而無，鬼之情也。自無而有，故顯而為物；自有而無，故隱而為變。顯而為物者，神之狀也；隱而為變者，鬼之狀也。大意不越有無而已。」[88] 此言自無而有的作用，稱為神；自有而無的作用，稱為鬼。這是以有無來論說，對鬼神的理解從作用來說，有別於舊說。

第三節　心、性、情

張載論心性，其觀點多為朱熹所承續，且由於後世奉朱熹之學為正統，使得張載思想在道學史上具有相當重要地位。

---

[86]　《正蒙·太和篇第一》。

[87]　《正蒙·太和篇第一》。

[88]　《橫渠易說·繫辭上》，「精氣為物，游魂為變，是故知鬼神之情狀」注解。

一、心統性情

　　張載論心性，乃承其一貫的天人相通的思想基調，從天道下貫到人性。張載說：「合虛與氣，有性之名；合性與知覺，有心之名。」❽此處「合虛與氣，有性之名」，指的是太虛與氣，太虛即本體，即天地之性所從來，而氣即發用，即氣質之性所從來，可見天道論與心性論通而為一；又「合性與知覺，有心之名」，可知性為本，心包括性。朱熹對張載此言極為稱道，說：「心則知覺之在人而具此理也。橫渠先生又言，由太虛有天之名，由氣化有道之名，合虛與氣有性之名，合性與知覺有心之名。其名義亦甚密，皆不易之至論也。」❾此處朱熹以理言性，是以其理氣觀來解釋張載之說，然張載並不言理。

　　心包括性情二者，可引申至張載著名的「心統性情」之說：

> 　　心統性情者也。……有性則有情，發於性則見於情。❾

此言從性所發者為情，而心乃統御性與情。統，有統御、主宰之義。關於情，張載說：「情則是實事，喜怒哀樂之謂也，欲喜者如此喜之，欲怒者如此怒之，欲哀樂者如此哀之樂之，莫非性中發出實事也。」❾故喜怒哀樂，即是情也。張載又說：「情未必為惡，

---

❽　　《正蒙・太和篇第一》。

❾　　《朱熹集》卷58，《答徐子融》。

❾　　《拾遺・性理拾遺》。

❾　　《橫渠易說・乾卦・文言》，「利貞者，性情也」注解。

哀樂喜怒發而皆中節謂之和，不中節則為惡。」❸這是以《中庸》
所言「喜怒哀樂之未發，謂之中；發而皆中節，謂之和」而為論，
意思是情未必是惡的，善惡與否要視中節不中節而定。此外，情從
性而發，所發的主體是心。心為人之主體，能運作思維，故張載
說：「心能盡性，人能弘道也；性不知檢其心，非道弘人也。」❹
即指心能盡性，心是可運作之主體。

　　心統性情之說，亦甚為朱熹所稱允：「蓋性為體，情為用，而
心則貫之。必如橫渠先生所謂心統情性者，其語為精密也。」❺朱
熹又說：「性者，理也。性是體，情是用。性情皆出於心，故心能
統之。統如統兵之統，言有以主之也。且如仁義禮智，是性也。
《孟子》曰仁義禮智根於心。惻隱羞惡辭遜是非，本是情也。《孟
子》曰，惻隱之心，羞惡之心，辭遜之心，是非之心。以此言之，
則見得心可以統性情。」❻朱熹引《孟子》言仁義禮智四端來闡發
性的內涵，然張載本身對性之內涵卻未多有著墨，但張載將性區分
為天地之性與氣質之性，在人性論思想史上亦有其開創之功，詳述
於下。

二、天地之性與氣質之性

　　中國思想史上，有關人性問題的討論，先秦時代有《孟子》的

---

❸　《張載集》，《張子語錄·中》。

❹　《正蒙·誠明篇第六》。

❺　《朱熹集》卷68，《答方賓王》。

❻　《朱子語類》卷98。

性善說❾，告子的以生為性說❾及《荀子》的性惡說❾為代表；兩漢時有董仲舒的性三品說❿及揚雄的性善惡混之說❿等。總括而言，有關人性善惡的爭議，皆為解決人性是否為善及惡之由來的問題。對道學家來說，此一問題十分重要，因為人的本性如果是善的，則道德修養才能是一回歸本性的活動，相反地，若人性本惡，則道德修養將是違反人性而為外在強加於己的。另方面，若人性本善，那麼人之為惡，要如何解釋？且人性論的立場通常即代表著思想者對道德的定位，如《孟子》以人性為善，則其論道德修養就是求其放心，將放失的道德本心找回來；又如《荀子》主張性惡，故其視禮教為化性起偽，是為求社會秩序而人為地修養德性。是故，人性問題對重視德性修養的儒家而言，其重要性不言可喻。

　　張載提出的「天地之性」與「氣質之性」，被朱熹譽為「極有功於聖門，有補於後學」❿。張載說：

　　　　形而後有氣質之性，善反之則天地之性存焉。故氣質之性，

---

❾　《孟子·滕文公上》：「孟子道性善。」又《孟子·告子》：「仁義禮智，非由外鑠我也，我固有之也。」，《十三經注疏》本。

❾　《孟子·告子上》：「生之謂性。」

❾　《荀子·性惡》：「人之性，惡，其善者，偽也。」，《叢書集成新編》本。

❿　《春秋繁露·實性》：「聖人之性不可以名性，斗筲之性又可以名性。名性者，中民之性。」，《叢書集成新編》本。

❿　《法言·修身》：「人之性也，善惡混。」，《百子全書》本。

❿　《朱子語類》卷4。

君子有弗性者焉。[103]

此言人生而有形體之後，即具有氣質之性與天地之性，而君子從事德性修養，即能返歸天地之性，使得氣質之性不再為自己的本性。朱熹說：「論天地之性，則專指理言；論氣質之性，則以理與氣雜而言也。」[104]天地之性是由理所成，是純然至善的，「以仁義禮智四字言之，最為端的」[105]；而氣質之性是由理與氣相合而成，「有昏明厚薄之殊」[106]。朱熹以理氣為其思想之主軸，圍繞著理氣這兩個概念而展開其廣大精微的思想體系，此處則將張載的天地之性與氣質之性納入其體系中，以理來解釋天地之性，以理氣相雜來解釋氣質之性。雖張載不以理而專以氣為其思想之主軸，但此處朱熹所言卻也合乎張載的本意。天地之性，用心統性情來說，則是指與情相對的性，亦即《孟子》所言的性善，只是用在不同之處而已；氣質之性，則有告子生之謂性之意涵。張載的天地性與氣質之性，此兩種性不是絕然不同之物，而是性的兩個層次。天地之性是氣質之性的根源，不是在氣質之性以外的另一個性。因此，天地之性可說是第一義的性，因其較氣質之性更為內在，且是人人皆具有的，是純然至善的，正如張載所言「氣質之性，君子有弗性者焉」，以是氣質之性在君子則可以不據為己性。至於氣質之性則人各不同，氣質之性是天地之性受到氣的薰染所形成的人性，是現實面的性，

---

[103]　《正蒙·誠明篇第六》。

[104]　《朱子語類》卷4。

[105]　《朱熹集》卷42，《答胡廣仲》。

[106]　《朱子語類》卷94。

是惡的來源。由於氣質之性也是與生俱來的，故亦稱為性。二程認為，天地之性與氣質之性在解釋人性方面，二者是缺一不可，所謂「論性不論氣，不備；論氣不論性，不明」❼，意即若僅言天地之性而不言氣質之性，在論人性上是不夠完備的，因為如此將忽略人之為惡的一面，但假使只談氣質之性而不論天地之性，也是不能明道的，因為這將使得人們只知有飲食男女之欲而不知有道德之本心。

　　氣質之性除解釋人之為惡外，還用以解釋人的聰愚賢孝、剛毅溫柔等差異，也就是所謂的氣質。張載說：「氣質猶人言性氣，氣有剛柔、緩速、清濁之氣也。質，才也。」❽故人的氣質各有不同。張載又說：「凡物莫不有是性。由通蔽開塞，所以有人物之別。由蔽有厚薄，故有智愚之別。」❾此處的性指的是氣質之性，由氣質之性而有人物之各殊。朱熹對張載的氣質之性有不少論述，並將氣質之性與氣質二詞混用，如：「人之所以有善與不善，只緣得氣質之稟各有清濁。」❿人之為善或不善，皆是由於所稟的氣質有清濁不同。朱熹又說：「稟得精英之氣，便為聖，為賢，便是得理之全，得理之正。稟得清明者，便英爽；稟得敦厚者，便溫和；稟得清高者，便貴；稟得豐厚者，便富；稟得長久者，便壽；稟得衰頹薄濁者，便為愚不肖，為貧，為賤，為夭。」⓫故人的賢愚貴

----

❼　《河南程氏遺書》卷6。
❽　《經學理窟·學大原》。
❾　《拾遺·性理拾遺》。
❿　《朱子語類》卷4。
⓫　《朱子語類》卷4。

賤壽夭，都可用氣質來解釋。

張載又有論天理與人欲。天理人欲是道學的重要思想，許多道學家都對此有所論說。雖張載有關論述相當少，但推而言之，天理乃從天地之性所發，而人欲為氣質之性所發。張載說：

> 上達反天理，下達徇人欲者與。⑫

人若放縱欲望則喪失本心，所謂「徇物喪心，人化物而滅天理」⑬；回返本心，則天理存。張伯行對張載此段話闡釋說：「上達是向上去，乃復反乎天理者也。天理清明上升之象。循理則日徹一日，進而不已，即上極乎高明矣。下達是向下去，乃循乎人欲者也。人欲重濁下墜之象。多欲則日溺一日，流而難返，便究極於汙下矣。」⑭所謂「反」者，為張載所常言，如此處「上達反天理」及上述「善反之則天地之性存焉」，又如張載說：「性於人無不善，繫其善反不善反而已；過天地之化，不善反者也。命於人無不正，繫其順與不順而已；行險以僥倖，不順命者也。」⑮此言天地之性於人無不善，端在於人能否歸返之。

歸返天地之性，使氣質之性與天地之性合而為一，張載又稱之為「成性」，如：「今人所以多為氣所使而不得為賢者，蓋為不知

---

⑫　《正蒙·誠明篇第六》。
⑬　《正蒙·神化篇第四》。
⑭　《近思錄》。
⑮　《正蒙·誠明篇第六》。

學。……學至於成性，則氣無由勝。」⑯此言為學能轉變氣質，達到純然天地之性。張載又說：「性未成則善惡混，故亹亹而繼善者斯為善矣。惡盡去則善因以成。」⑰在尚未完全歸返天地之性時，則還受氣質之性的影響而為惡，故要孜孜不息地存養進德，以去惡成善。

　　人以心為主宰，心可做德性工夫，使天地之性不受氣質所支配，但也可以放失本心，任由氣質所宰制，此即張載所言：「德不勝氣，性命於氣；德勝其氣，性命於德。窮理盡性，則性天德，命天理，氣之不可變者，獨死生修夭而已。」⑱此處「性命於氣」之「命」字，朱熹認為「恐性命兩字須作一般看，言性命皆出於氣稟之偏也」⑲，這是將命字當作名詞來看，但或許也可以當作動詞，就是聽命的意思，意謂人可以靠著自我的德行修養，擺脫天生的氣質之性所帶來的影響。有關張載論為學修養的方法，見下一章。

　　總之，張載的天地之性與氣質之性，既站住《孟子》一系的人性本善立場，又能解釋惡的原因，對爭論已久的性善性惡說可說是較為圓滿的解答，這是張載在思想史上的貢獻。黃榦評論道：「自孟子言性善，而荀卿性惡，揚雄言善惡混，韓文公言三品。及至橫渠，分為天地之性、氣質之性，然後諸子之說始定。」⑳對張載的心性說評價甚高。

───────────────

⑯　《經學理窟·氣質》。

⑰　《橫渠易說·繫辭上》，「繼之者善也，成之者性也」注解。

⑱　《正蒙·誠明篇第六》。

⑲　《朱熹集》卷50，《答潘恭叔》。

⑳　《橫渠學案》。

第五章　張載道學(下)：為學——《橫渠易說》、《正蒙》等著作通解

　　本章論為學，乃為德成聖之具體修養方法。有關為學方法的討論，在道學中具有相當份量，是道學的特色之一，今人研究道學，多以工夫論稱之。為學方法之所以在道學中頗受重視，是因為道學以聖人為可學，而達至聖人境界的方法為何，則成為道學中備受討論的主題。以聖人為可學而必學以至聖人之道，是道學的特點所在。道學家無不認為聖人可學而至，如周敦頤曾說：「聖可學乎？曰：可。曰：有要乎？曰：有。」❶程頤亦有《顏子所好何學論》：「顏子所獨好者，何學也？學以至聖人之道也。聖人可學而至歟？曰：然。」❷對於為學方法，道學家則各有主張，有尊德性與道問學何者為先之爭，以及朱熹與陸九淵之辯。

　　張載論學，可分「窮理」與「盡性」，或言「致知」與「涵養」，亦即「道問學」與「尊德性」。《中庸》第二十六章：「君

---

❶　《周子通書》，《聖學第二十》，上海古籍出版社，2000 年。
❷　《二程全書》，《伊川先生文集》卷 4。

子尊德性而道問學。」❸尊德性與道問學二詞出自於此。道學中的
心學一系乃以尊德性為優先,而程朱一系則以道問學為達到尊德性
的必要方法。至於張載,雖亦強調修養方法並躬身實踐,但並不是
以尊德性為優先,而是接近於朱熹的以道問學為體道的首要步驟。
張載以道問學為優先,與其學術著力於道體之建構而非僅止於心性
的體驗,二者間有相當關係。

　　窮理盡性,原出自《周易·說卦》:「昔者聖人之作易也,幽
贊於神明而生蓍,參天兩地而倚數,觀變於陰陽而立卦,發揮於剛
柔而生爻,和順於道德而理於義,窮理盡性以至於命。」❹此言作
易者觀天道而定人事,故窮理盡性乃是先求窮理而後盡性,張載論
學亦是此一步驟,即先窮理而後盡性。張載勇於造道,以「太虛即
氣」論道體,並以此通天人,闢佛老,苦心力索❺,可見其學術興
味是具有豐富形上思辯色彩的。張載認為,透過對道體的認識,為
學之士方能在此大化宇宙中尋出一安頓自我的方法,因此他相當重
視對事物原理的認識。

　　張載論窮理盡性,以「窮理盡性」與「盡性窮理」為兩種不同
的為學方式,他說:「自明誠,由窮理而盡性也;自誠明,由盡性
而窮理也。」❻張載又說:「自誠明者,先盡性以至於窮理也,謂
先自其性理會來,以至窮理;自明誠者,先窮理以至於盡性也,謂

---

❸　《禮記正義》卷 53。

❹　《周易正義》卷 9。

❺　朱熹稱譽張載,說:「橫渠之學,苦心力索之功深。」見《朱子語類》卷
　　93。

❻　《正蒙·誠明篇第六》。

先從學問理會，以推達於天性也。」❼此言自其性理會來以至窮理，為先盡性以至於窮理，謂之「自誠明」；自學問理會來以達於天性，為先窮理以至於盡性，謂之「自明誠」。誠者，即「性與天道合一存乎誠」❽，也就是天人合一的境界，且此天人合一，不是天合於人，而是人合於天。張載以自明而誠為自窮理而盡性，意指從對道體的明瞭而使己心合於天道；反之，由修養己性而上合於天道以明白道體的，則為自誠而明，也就是先盡性以至於窮理。

為學步驟方面，張載主張先窮理而後盡性，以「自明誠」和「自誠明」而言，即是「自明誠」，如張載說：「某今亦竊希於明誠……明誠者須是要窮理，窮理即是學也，所觀所求皆學也。」❾可知張載是先求窮理而後盡性。張載曾與二程討論窮理盡性以至於命的問題，二程主張「只窮理便是至於命」❿，張載則不同意：「此義儘有次序……其間煞有事，豈有當下理會了。學者須是窮理為先，如此則方有學。」⓫此處二程以窮理即是盡性，可一時並了，張載則主張需有一步驟可言，必須先窮理方能盡性，以窮理為先，這與前述張載學術重視對道體的陳述是前後相應的。

張載對窮理的重視，表現在他對知識與讀書的看重，而與道學中偏重修養的心學有所不同，然亦不廢心性涵養，故又曰要盡性，即盡人的天地之性、道德本性。以下分窮理與盡性兩方面來論述。

---

❼　《張子語錄‧語錄下》。

❽　《正蒙‧誠明篇第六》。

❾　《張子語錄‧語錄下》。

❿　《河南程氏遺書》卷10。

⓫　《河南程氏遺書》卷10。

第一節　窮　理

一、見聞之知與德性之知

　　張載認為，所謂窮理，包括對人倫庶物的體察與認識，如他說：「明庶物，察人倫，皆窮理也。」❷但天下的事物無數，要窮盡其理是很難做到的，因此張載將窮理分為兩種途徑，一是「見聞之知」，二是「德性之知」。張載說：

> 見聞之知，乃物交而知，非德性所知；德性所知，不萌於見聞。❸

此見聞之知，是由感官與外物相交接而獲得的，而德性之知是不來自於見聞的。此二種知，二程亦嘗言之，如程頤說：「聞見之知，非德性之知物交物，則知之非內也，今之所謂博物多能者是也。德性之知，不假見聞。」❹此言聞見之知乃向外而得，而德性之知乃向內而得。

　　張載認為，人對外物的認識是有限的，無法窮盡，因此除見聞之知外，還必須盡其心，以獲得德性之知，他說：

---

❷　《張子語錄·語錄下》。
❸　《正蒙·大心篇第七》。
❹　《河南程氏遺書第二十五》。

今盈天地之間者皆物也，如只據己之聞見，所接幾何？安能
盡天下之物？所以欲盡其心也。❺

按，己之聞見，即為見聞之知，乃透過耳目等感官接物而知；盡其
心則為德性之知，是反求自心，修養本心而獲得的道德之知。見聞
之知與德性之知相比，張載認為，見聞所知為小知，而德性所知才
更為重要，所謂「誠明所知，乃天德良知，非聞見小知而已」❻。
按，誠明所知，即德性之知，非聞見小知可比。因此，人們不應以
見聞所知為足，而應盡其心求德性之知。張載說：「人病其以耳目
見聞累其心，而不務盡其心，故思盡其心者，必知心所從來而後
能。」❼此言當知盡其心，而不專以耳目見聞為所知。又說：「耳
目安能盡天下之物？盡耳目之才，如是而已。須知耳目外更有
物。」❽此是說人之耳目等感官是無法窮盡天下的事物，須是在耳
目感官所知之外，還有由盡心所知的德性之知。

　　此二種知，世俗之人只知有耳目見聞，「若聖人則不專以聞見
為心，故能不專以聞見為用」❾。張載說：

世人之心，止於聞見之狹。聖人盡性，不以見聞梏其心，其
視天下無一物非我。《孟子》謂盡心則知性知天以此。天大

---

❺　《張子語錄·語錄下》。
❻　《正蒙·誠明篇第六》。
❼　《正蒙·大心篇第七》。
❽　《張子語錄·語錄上》。
❾　《正蒙·乾稱篇第十七》。

無外，故有外之心不足以合天心。❷⓿

此即明言聖賢之人能盡其性，因德性所知乃不萌於見聞，而是修養心性所能知的。

　　儘管張載強調德性之知勝過見聞之知，非見聞小知可比，但張載並不完全偏重德性之知，而是要兩者並重。換言之，窮理除盡物之性外，還要盡己之性，也就是合內外之知，如張載說：「人謂己有知，由耳目有受也；人之有受，由內外之合也。知合內外於耳目之外，則其知也過人遠矣。」❷❶此言人透過耳目感官而有覺受，以察知外物，但此知覺亦是由心所作用方能察知的，故曰由內外之合，而人若能知其所知乃內外之合，是為智矣。張載講求內外之合，又說：「耳目雖為性累，然合內外之德，知其為啟之之要也。」❷❷王夫之注：「累者，累之使御於見聞之小爾，非欲空之而後無累也。……多聞而擇，多見而識，乃以啟發其心思而會歸於一，又非徒恃存神而置格物窮理之學也。此篇力辨見聞之小而要歸於此，張子之學所以異於陸、王之孤僻也。」❷❸此言張載對見聞之知與德性之知兩者並重，不偏於德性之知，王夫之認為這是張載之學異於陸、王心學之處。

---

❷⓿　　《正蒙·大心篇第七》。
❷❶　　《正蒙·大心篇第七》。
❷❷　　《正蒙·大心篇第七》。
❷❸　　《張子正蒙注》卷4。

二、論讀書

　　張載既主張合內外之知，也就是見聞之知與德性之知並重，則其為學之方，亦不外兩軌並行。張載認為，增長見聞之知的最好方法，就是讀書，「蓋書以維持此心，一時放下則一時德行有懈」❷❹，因此讀書亦是德行修養的方法，藉由讀書使心與義理相接觸，使德行不懈。以下分兩點討論。

㈠論所讀之書

　　張載少時有意於兵，多年窮究於佛老之書，而後反求《六經》。其為學過程，可說是從泛濫博覽而至簡約，如二程說他「其學更先從雜博中過來」❷❺，因此張載對讀書自有其一套看法。

　　張載對所讀之書的輕重次序有所論述，甚為朱熹所稱道❷❻。張載說：

> 　嘗謂文字若史書歷過，見得無可取則可放下，如此則一日之
> 力可以了六七卷書。又學史不為為人，對人恥有所不知，意
> 只在相勝。醫書雖聖人存此，亦不須大段學，不會亦不甚害
> 事，會得不過惠及骨肉間，延得頃刻之生，決無長生之理，
> 若窮理盡性則自會得。如文集文選之類，看得數篇無所取，
> 便可放下。如道藏釋典，不看亦無害。既如此則無可得看，

---

❷❹　《經學理窟·義理》。

❷❺　《河南程氏遺書》卷 2。

❷❻　朱熹說：「橫渠夫子所論讀書次第最為精密。」見《朱熹集》卷 63，
　　　《答孫敬甫》。

> 唯是有義理也。故惟六經則須循環看，能使晝夜不息，理會
> 得六七年，則自無可得看。若義理則儘無窮，待自家長得一
> 格則又見得別。**㉗**

此言《六經》最為重要，義理最深，應循環反覆地讀；史書則可瀏
覽，且許多人讀史只為誇耀知識，與人爭勝，其目的並非為己；醫
書則未必要讀，因醫學不過僅能治病延年，而德性的修養則更為重
要；至於文集與佛道典籍，亦未必要讀。在道學家眼中，文集史書
並非必讀之書，其重要性遠在《六經》之下。如二程亦認為文學並
非重要，甚至有害於道，曾答學者問：「或問，為文有害於大學之
道乎？子曰，是其為業也，不專則不工也，專則志局於此，斯害也
已。學以養心，奚以文為？《五經》之言，非聖人有意於文也；至
蘊所發，自然而成也。」**㉘**此以為專意於文章之作，將使人的心志
局限於此，是有害於道的。張載對於文學之作，雖並不完全反對，
但認為「看得數篇無所取，便可放下」，可見其對於文學之評價不
高。至於史書，儘管宋代史學昌盛，道學家亦不無主張多讀史書
者，如邵雍的朝經暮史，程頤以為「讀史須見聖賢所存治亂之機，
賢人君子出處進退，便是格物」**㉙**，朱熹主張讀史「以考存亡治亂
之機」**㉚**等，皆是也，但張載對讀史的評價卻並不高。張載認為史
書雖可瀏覽，但許多人讀史只為誇耀知識，與人爭勝，其目的並不

㉗　《經學理窟·義理》。

㉘　《二程全書》，《二程粹言》卷 1。

㉙　《河南程氏遺書》卷 19。

㉚　《朱子語類》卷 11。

正確，「然觀史又勝於游。山水林石之趣，始似可愛，終無益，不如游心經籍義理之間。」**[31]** 因此若與山水之游相較，還是以讀史為有益，畢竟讀史還能藉由古今人事瞭解其中之理，而遊玩起初似為可樂，但最終是無益的，還不如游心於書籍義理之間。張載不主張讀史的原因，還因為史書所記皆非理想中的聖王之治，「《家語》、《國語》雖於古事有所證明，然皆亂世之事，不可以證先王之法」**[32]**，故張載對此二書評價不高。以聖王之事、聖賢之言，來判斷典籍的價值及其可讀性，是張載讀書論中的特點，即張載所言「專與聖人之言為學」**[33]**。因此，惟有記載聖人之言的典籍，方是張載認為必須研讀的，如《六經》必須反覆地讀，「《六經》循環，年欲一觀」**[34]**，每年將《六經》讀過一遍。

　　張載對《六經》有少許見解，見於《經學理窟》，今舉其要而言。張載論《詩》：「《周南》、《召南》如乾坤。」**[35]** 蓋《詩》分《風》、《雅》、《頌》三類，《風》分十五《國風》，以《周南》十一篇及《召南》十四篇為首。張載此說其意究竟為何，並不清楚，但或許以乾坤二卦為《周易》六十四卦之首，最為重要，以比喻《周南》、《召南》於《詩經》中的重要性。張載又論讀《詩》之法：

---

[31] 　《經學理窟·義理》。
[32] 　《經學理窟·義理》。
[33] 　《經學理窟·自道》。
[34] 　《經學理窟·義理》。
[35] 　《經學理窟·詩書》。

　　古之能知《詩》者，惟《孟子》為以意逆志也。夫《詩》之
志至平易，不必為艱險求之，今以艱險求詩，則已喪其本
心，何由見詩人之志。**❸❻**

按，此引《孟子・萬章上》「故說詩者，不以文害辭，不以辭害
志；以意逆志，是為得之」**❸❼**之言，以論讀《詩》之法。以意逆
志，據趙岐《注》：「人情不遠，以己之意，逆詩人之志，是為得
其實矣。」**❸❽**故張載主張從平易處、人情處來探求《詩》的旨意。
所謂「詩無達詁」，自古以來對《詩經》的解釋聚訟紛紜，如皮錫
瑞《論詩比他經尤難明其難明者有八》一文說：「《詩》為人人童
而習之之經，而《詩》比他經尤難明。其所以難明者，《詩》本諷
喻，非同質言。前人既不質言，後人何從推測。」**❸❾**以《詩》為諷
喻而觀之，則解《詩》多往深處去。張載則認為，《詩》言志，而
詩人之志亦如人之常情，是平易而不遠人的，故不應從艱險處來探
求《詩》義。張載又論《詩序》：

　　《詩序》必是周時所作，然亦有後人添入者，則極淺近，自
可辨也。如言「不肯飲食教載之」，只見《詩》中云「飲之
食之，教之誨之，命彼後車，謂之載之」，便云「教載」，

---

❸❻　《經學理窟・詩書》。

❸❼　《孟子注疏》卷 9。

❸❽　《孟子注疏》卷 9。

❸❾　《經學通論》，北京，中華書局，1998 年。

絕不成言語也。❹

《詩序》有大小序之別，列於各詩之前以說明詩中大意者，為《小序》；連在首篇《關睢》小序之後以概論全經者，為《大序》。《詩序》是從人倫教化的立場來解釋各詩。有關《詩序》的作者問題，是《詩經》研究中的一大難題❹，歷代學者各有所見，或以為子夏所作，或以為孔子所作等等，張載則認為《詩序》必是周時所作，但亦有後世加入者，可自行辨明，並舉《小雅·緜蠻》為例，其詩曰：「緜蠻黃鳥，止於丘阿。道之云遠，我勞如何。飲之食之，教之誨之，命彼後車，謂之載之。緜蠻黃鳥，止于丘隅。豈敢憚行？畏不能趨。飲之食之，教之誨之，命彼後車，謂之載之。緜蠻黃鳥，止于丘側，豈敢憚行？畏不能極。飲之食之，教之誨之，命彼後車，謂之載之。」❹其《小序》曰：「緜蠻，微臣刺亂也，大臣不用仁心，遺忘微賤，不肯飲食教載之，故作是詩也。」❹張載以《詩》云「飲之食之，教之誨之，命彼後車，謂之載之」，《小序》便云「不肯飲食教載之」，似為不妥，而疑此為後人所附益。

　　張載論《尚書》，則說：「《尚書》難看，蓋難得胸臆如此之大，只欲解義則無難也。」❹此言《尚書》不容易讀，但要瞭解其

---

❹　《經學理窟·詩書》。
❹　如《四庫全書總目》卷 15，說：「《詩序》之說，紛如聚訟。」。
❹　《毛詩正義》卷 15 之 3。
❹　《毛詩正義》卷 15 之 3。
❹　《經學理窟·詩書》。

主旨並非難事。又說明《尚書》名稱：「今稱《尚書》，恐當稱『尚書』。尚，奉上之義，如尚衣尚食。」❹按，《尚書》之名，有以其為上古之書，故謂之《尚書》，亦有以「尚」為上者之義；或以其為上所言而下為史官所記，故曰「尚書」，張載認為尚有奉上之義。

張載對《周禮》的看法在宋儒中亦值得注意。《周禮》為《三禮》之一，也是歷來經學家爭辯最為激烈的典籍❹。古文學家以為是周公所作，此觀點最早由西漢劉歆所提出，後來有東漢鄭玄繼承此說，清宋孫詒讓《周禮正義》更就鄭說考訂周公頒行《周禮》的時期。今文學家則以為《周禮》並非周公所作，最初反對《周禮》者為與劉歆同時的今文博士，其爭論見於劉歆《移讓太常博士書》，宋代胡宏認為《周禮》乃劉歆為附會王莽所偽造的，清末康有為亦以《周禮》為劉歆所竄造，其說見於《新學偽經考》。宋代疑經風氣盛，學者亦多懷疑《周禮》，認為《周禮》有非周公之言者或全部非周公所作者，達三十餘位❹，如王開祖：「復讎之言，起於六國之時，非生於王者之世也。」❹其後學者多採此說，如王安石疑《周禮》有非周公之法❹。此外，又如歐陽修認為「《周

---

❹　《經學理窟·詩書》。

❹　參見周予同《周予同經學史論著選集》，《群經概論》，頁 240-242，上海人民出版社，1996 年。

❹　參見葉國良《宋人疑經改經考》，《國立臺灣大學文史叢刊》，1980 年。

❹　《儒志編》，《四庫全書》本。

❹　《臨川文集》卷 70，《復讎解》，《四庫全書》本。

禮》其出最後……由今考之，實有可疑者」❺⓿，蘇軾以為「其言五等之君，封國之大小，非聖人之制也，戰國所增之文也」❺⓵，蘇轍亦認為，「秦漢諸儒以意損益之者眾矣，非周公之完書也」❺⓶，等等皆是。張載雖肯定《周禮》為周公所作，但亦有疑非周公之意者，如張載說：

> 周禮是的當之書，然其間必有末世添入者，如盟詛之屬，必
> 非周公之意。蓋盟詛起於王法不行，人無所取直，故要之於
> 神，所謂國將亡，聽於神，蓋人屈抑無所伸故也。如深山之
> 人多信巫祝，蓋山僻罕及，多為強有力者所制，其人屈而不
> 伸，必咒詛於神，其間又有偶遭禍者，遂指以為果得伸於
> 神。如戰國諸侯盟詛，亦為上無王法。今山中人凡有疾者，
> 專使巫者視之，且十人間有五人自安，此皆為神之力，如
> 《周禮》言十失四已為下醫，則十人自有五人自安之理。則
> 盟詛決非周公之意，亦不可以此病周公之法，又不可以此病
> 《周禮》。❺⓷

按，盟詛者，殺牲歃寫告誓於神明。《周禮·春官》：「詛祝，掌盟、詛、類、造、攻、說、禬、榮之祝號。作盟詛之載辭，以敘國

---

❺⓿　《歐陽文忠集》，《居士集》卷48，《問進士策》。
❺⓵　《東坡集》，《續集》卷9，《天子六軍之制策》，《四部備要》本。
❺⓶　《欒城集》，《後集》卷7，《歷代論》，《四庫全書》本。
❺⓷　《經學理窟·周禮》。

之信用,以質邦國之劑信。」❺鄭玄《注》:「八者之辭,皆所以告神明也。盟詛主於要誓,大事曰盟,小事曰詛。載辭,為辭而載之於策,坎用牲加書于其上也。國謂王之國;邦國,諸侯國也。質,正也,成也。」❺盟祝為春官中之一職,掌管各類祭祀祝號,以及諸國之間盟誓之辭的撰寫,此載辭是各盟國履行盟約之信用的保證。又《周禮·秋官》:「司盟,掌盟載之灋。凡邦國有疑會同,則掌其盟約之載,及其禮儀。北面詔明神,既盟則貳之。盟萬民之犯命者,詛其不信者,亦如之。凡民之有約劑者,其貳在司盟。有獄訟者,則使之盟詛。凡盟詛,各以其地域之眾庶,共其牲而至焉。既盟,則為司盟共祈酒脯。」❺鄭玄《注》:「明神,神之明察者,謂日月山川也。觀禮加方明於壇上,所以依之也。詔之者,讀其載書以告之也。」❺故盟詛的祝禱對象乃是神明,以牲禮獻祝神明,向北而告之。張載則以為「盟詛」是末世之事,非周公之意,乃後世所加。他認為,盟詛起於王法不行,人無所取,故必須向神明盟誓,就如同深山之人多信巫祝,這是因為山僻罕及,多為強有力者所制,故必須咒詛於神。因此,諸侯盟詛,亦是因為周室衰微,上無王法,於是訴諸神明。故張載以為盟詛決非周公之意。張載又論《周禮》:

> 《周禮》惟大宰之職難看,蓋無許大心胸包羅,記得此復忘

---

❺ 《周禮注疏》卷26,《十三經注疏》本。
❺ 《周禮注疏》卷26。
❺ 《周禮注疏》卷36。
❺ 《周禮注疏》卷36。

彼。其混混天下之事，當如捕龍蛇，搏虎豹，用心力看方可。故議論天下之是非易，處天下之事難。孔子常語弟子：「如或知爾，則何以哉？」其他五官便易看，止一職也。**❺❽**

按，《周禮‧天官》：「惟王建國，辨方正位，體國經野，設官分職，以為民極。乃立天官冢宰，使帥其屬，而掌邦治，以佐王均邦國。治官之屬，大宰，卿一人。」**❺❾**又：「大宰之職，掌建邦之六典，以佐王治邦國。一曰治典，以經邦國，以治官府，以紀萬民。二曰教典，以安邦國，以教官府，以擾萬民。三曰禮典，以和邦國，以統百官，以諧萬民。四曰政典，以平邦國，以正百官，以均萬民。五曰刑典，以詰邦國，以刑百官，以糾萬民。六曰事典，以富邦國，以任百官，以生萬民。」**❻⓪**《周禮》中的職官制度，六官之中，以大宰地位最高，不僅要管天官一系，還要將其他五官聯繫起來。故張載以為「大宰之職難看」，是以其所轄之事極多。張載對現實政治一直是關心的，曾任祁州司法參軍、丹州雲巖縣令、著作佐郎、簽書渭州軍事判官公事**❻❶**，熙寧二年與熙寧十年兩度奉詔入朝，然未受到重用。由張載對政事的關心，可理解其所言「故議論天下之是非易，處天下之事難」之意。

除《六經》外，張載最推尊的典籍是《論語》、《孟子》，他說：「要見聖人，無如《論》、《孟》為要。《論》、《孟》二書

---

❺❽　《經學理窟‧周禮》。

❺❾　《周禮注疏》卷1。

❻⓪　《周禮注疏》卷2。

❻❶　參見《橫渠先生行狀》。

於學者大足，只是須涵泳。」❻❷《論語》、《孟子》所記，為孔子與孟子的言行語錄，張載最為看重，認為對學者而言是最為重要的典籍，必須細細涵泳。張載又說：「學者信書，且須信《論語》、《孟子》。《詩》、《書》無舛雜。《禮》雖雜出諸儒，亦若無害義處，如《中庸》、《大學》出於聖門，無可疑者。」❻❸此處並推崇《中庸》、《大學》，以為是出於聖人之門。張載並以自身體驗為例，說道：「某觀《中庸》義二十年，每觀每有義。」❻❹

簡言之，張載以《六經》為必讀之書，必須循環地讀，史書、文集與佛道典籍則可讀或不讀。必讀之書又以《論語》、《孟子》、《大學》、《中庸》最為重要，張載視為聖門之書。《論》、《孟》、《學》、《庸》，後世稱為《四書》，在道學中的地位與《六經》相比，更為重要，此一現象即始自宋代道學。

㈡論讀書之方

道學家論讀書法，多有可觀之處，如朱熹《朱子語類》論讀書法。張載論讀書的具體方法，其一為必須記誦，誦讀暢順，記憶於心，則能時有所得，他說：

> 書須成誦，精思多在夜中或靜坐得之。不記則思不起，但通貫得大原後，書亦易記。❻❺

---

❻❷　《經學理窟・義理》。

❻❸　《經學理窟・義理》。

❻❹　《經學理窟・義理》。

❻❺　《經學理窟・義理》。

故讀書能記誦，則能將義理常存心中，於無心處反覆得之。朱熹闡釋張載此言，說：「讀書須是成誦，方精熟。今所以記不得，說不去，心下若存若亡，皆是不精不熟之患。若曉得義理，又皆記得，固是好。若曉文義不得，只背得，少間不知不覺，自然相觸發，曉得這義理。蓋這一段文義橫在心下，自是放不得，必曉而後已。若曉不得，又記不得，更不消讀書矣。橫渠說，讀書須是成誦。今人所以不如古人處，只爭這些子。古人記得，故曉得。今人鹵莽，記不得，故曉不得。緊要處，慢處，皆須成誦，自然曉得也。」❻❻誦讀與背誦是傳統的讀書方法，記憶先於理解，認為不論瞭解與否，但將文義熟記於心，則日後於無心之時或能明白貫通。張載又說：「經籍亦須記得……記得便說得，說得便行得，故始學亦不可無誦記。」❻❼讀書必須記誦，以使將來須要時能使用得上。記誦的目的，是為將來致用作一準備。

　　讀書之法，其二是要能明瞭作者的意思，求其大體，所謂「觀書必總其言而求作者之意」❻❽。也就是要能求言外之意，「大體上求之」❻❾，而不是拘泥於文字上。張載又說：

　　　　心解則求義自明，不必字字相校。譬之目明者，萬物紛錯於
　　　　前，不足為害，若目昏者，雖枯木朽株皆足為梗。❼⓿

---

❻❻　　《朱子語類》卷 121。

❻❼　　《經學理窟·義理》。

❻❽　　《經學理窟·義理》。

❻❾　　《經學理窟·義理》。

❼⓿　　《經學理窟·義理》。

此言讀書必須求其大義，不必字字求解，如此心目自開，心得其解。

　　讀書之法，其三要善疑，「可疑而不疑者不曾學，學則須疑」**❼**。張載認為，讀書的作用是要「釋己之疑，明己之未達，每見每知所益，則學進矣。於不疑處有疑，方是進矣。」**❼❷**讀書要有疑，疑能得解，則為學有長進，特別是在不疑處有疑。有疑則能有新意，有新意則有所得，不曾疑者是為不知學，則是未能用思慮。張載又說：

> 不知疑者，只是不便實作，既實作則須有疑，必有不行處，是疑也。譬之通身會得一邊或理會一節未全，則須有疑，是問是學處也，無則只是未嘗思慮來也。**❼❸**

實作，即是將書本上的義理在生活中實踐出來，有實踐方能有疑，因義理在實踐中必有遇到困難處，如此則必有所疑。若不知有疑，則必是未能將義理行於生活中，或是未能用思慮。且學能知疑，則時時有新見解，如此則須將新見解代替舊的見解，不斷進步，如張載所言「義理有疑，則濯去舊見以來新意」**❼❹**，如此「每見每知新意，則學進矣。」**❼❺**

---

❼　《經學理窟·學大原下》。

❼❷　《經學理窟·義理》。

❼❸　《經學理窟·氣質》。

❼❹　《經學理窟·學大原下》。

❼❺　《張子語錄·語錄中》。

此外，讀書如有心得體會，「心中苟有所開，即便劄記，不思則還塞之矣」**⑯**，需即刻以紙筆記下，以防忘失。張載說：

> 學者潛心略有所得，即且誌之紙筆，以其易忘，失其良心。
> 若所得是，充大之以養其心，立數千題，旋注釋，常改之，
> 改得一字即是進得一字。始作文字，須當多其詞以包羅意
> 思。**⑰**

由於思想是飄忽不定的，即時記下，可以避免忘失。並要不時拿出來，在有新見解時進行修改。

讀書的過程，起先未必都能瞭解，但逐漸地就能體會書中大旨所在。張載說：「慕學之始，猶聞都會紛華盛麗，未見其美而知其有美不疑，步步進則漸到，畫則自棄也。觀書解大義，非聞也，必以了悟為聞。」**⑱**讀書是一漸進過程，有所了悟，即有所得。張載以為「學貴心悟，守舊無功」**⑲**，為學貴在自得，但「不宜急迫」**⑳**，且將文義常存不忘，則「庶游心浸熟，有一日脫然如大寐之得醒耳」**㉑**，如大夢初醒般有所體悟。

總之，讀書的目的在使自心與義理常保接觸，張載說：「蓋書

---

⑯　《經學理窟·學大原下》。

⑰　《經學理窟·義理》。

⑱　《經學理窟·學大原下》。

⑲　《經學理窟·義理》。

⑳　《經學理窟·義理》。

㉑　《拾遺·近思錄拾遺》。

以維持此心……讀書則此心常在,不讀書則終看義理不見。」❽朱熹發揮此意,說:「人常讀書,庶幾可以管攝此心,使之常存。橫渠有言,書所以維持此心,一時放下,則一時德性有懈。其何可廢?」❽故張載論讀書,是以讀書為道德修養的方法之一,其目的終究還是道德的實踐,「經義不過取證明而已,故雖有不識字者,何害為善」❽。讀書畢竟是手段,是方法,最終目的還是為善為德。

第二節　盡　性

此節所述,為張載論德性修養之法。與其他道學家相同,張載亦以提升道德修養作為學者為學的目標。張載認為,道德性命乃「長在不死之物也,己身則死,此則常在」❽,故「學者當須立人之性」❽,「學者學所以為人」❽,且道德修養乃操之在己,「在己求之而無不得者也」❽,是為「無爵而貴,取之無窮矣」❽。他

---

❽　《經學理窟·義理》。

❽　《朱子語類》卷 11。

❽　《經學理窟·義理》。

❽　《經學理窟·義理》。

❽　《張子語錄·語錄中》。

❽　《張子語錄·語錄中》。

❽　《經學理窟·學大原上》。

❽　《經學理窟·學大原下》。

並借《孟子》「無名之指，屈而不信」❾之喻，說：「食則遇毒，不悟凡食不義便是遇毒。」❾此皆可見張載對道德修養的高度重視。以下舉其要而言之。

一、以禮持性

張載論禮，是其學術之一端，第一章已有所討論，而禮亦是修養德性的首要方法。張載以為，「進人之速無如禮」❾，禮對人的修養來說，功效甚大。禮並非僅止於外在的規矩，其根源乃在內心，如張載說：「禮非止著見於外，亦有無體之禮，蓋禮之原在心，禮者聖人之成法也。」❾即言禮的本原為心。按，無體之禮，出自《禮記・孔子閒居》：「無聲之樂，無體之禮，無服之喪，此之謂三無。」❾孫希旦《禮記集解》：「無體之禮，謂心之敬而無待於事也。」❾禮不僅是形乎於外的儀文規範，內心的誠敬才是禮的根源，故張載說：

> 誠意而不以禮則無徵，蓋誠非禮無以見也。誠意與行禮無有先後，須兼修之。誠謂誠有是心，有尊敬之者則當有所尊敬

---

❾　《孟子・告子上》：「今有無名之指，屈而不信，非疾痛害事也。如有能信之者，則不遠秦楚之路，為指之不若人也。指不若人，則知惡之。心不若人，則不知惡。此之謂不知類也。」
❾　《張子語錄・語錄上》。
❾　《經學理窟・禮樂》。
❾　《經學理窟・禮樂》。
❾　《禮記集解》卷 49，北京，中華書局，1989 年。
❾　《禮記集解》卷 49。

> 之心，有養愛之者則當有所撫字之意，此心苟息，則禮不備，
> 文不當，故成就其身者須在禮，而成就禮則須至誠也。❾❻

此言禮是內心誠意的外顯，內在的誠意與形乎於外的禮，二者是必須兼修的，僅有誠意而沒有禮，則無法表達內心的誠意。如此，則張載之重禮，其因有此，蓋外在的禮儀亦有助於內在誠意的修養。

張載有「以禮持性」之說：

> 禮所以持性，蓋本出於性，持性，反本也。凡未成性，須禮
> 以持之。❾❼

此言禮乃出於人的天地之性，持性，即反歸天地之性，使氣質之性轉變為天地之性，而在未成性，也就是尚未將氣質之性轉變為天地之性時，須以禮持之。張載又說：「變化氣質……使動作皆中禮，則氣質自然全好。……大抵有諸中者必形諸外，故君子心和則氣和，心正則氣正。其始也，固亦須矜持，古之為冠者以重其首，為履以重其足，至於盤盂几仗為銘，皆所以慎戒之。」❾❽有諸中必形諸外，禮之所以能持性，是因為外在的禮儀能導致內在精神的誠善，所以對衣冠鞋履的著重，是要藉著外在的儀容舉措來約束內在的心。張載並主張，「學者且須觀禮，蓋禮者滋養人德性，又使人

---

❾❻　《經學理窟·氣質》。

❾❼　《經學理窟·禮樂》。

❾❽　《經學理窟·氣質》。

有常業，守得定，又可學便可行，又可集得義」❾❾。禮使學者有規範可循，有標準可持守，故禮能滋養人的德性，可見禮於進德之功甚大。

　　另外，張載於《橫渠易說》中有「知禮成性」之說：「天地位定而易行乎其中，知禮成性而道義出。」❿又：「知禮以成性，性乃存，然後道義從此出。」⓫以上是對《繫辭》「知崇禮卑，崇效天，卑法地，天地設位而易行乎其中矣。成性存，道義之門」的注解。所謂成性，與盡性同義，但盡性一詞著重於彰顯本性的工夫過程，而成性一辭則似為盡性工夫的完成。知禮成性，意即知禮以盡人之性。

　　總之，張載重禮，「與諸生講學，每告以知禮成性變化氣質之道」⓬。司馬光嘗稱張載是「教人學雖博，要以禮為先」⓭，可見張載以禮為入德之首要方法。張載對於以禮教學者，曾解釋說：

> 某所以使學者先學禮者，只為學禮則便除去了世俗一副當世習熟纏繞。譬之延蔓之物，解纏繞即上去，上去即是理明矣，又何求。苟能除去一副當世習，便自然脫灑也。又學禮則可以守得定。⓮

⓳　《經學理窟·學大原上》。

⓾　《橫渠易說·繫辭上》，「知崇禮卑……成性存，道義之門」注解。

⓫　《橫渠易說·繫辭上》，「知崇禮卑……成性存，道義之門」注解。

⓬　《宋史·列傳一百八十六》。

⓭　《張載集》，《又哀橫渠詩》。

⓮　《張子語錄·語錄下》。

以禮教學者，乃因禮有儀文可為依傍，學禮可使學者迅速地脫去不好的行為，二程嘗讚曰：「子厚以禮教學者，最善使學者先有所據守。」[105]

二、變化氣質

張載論德性修養，「變化氣質」是其重要的一環。如上一章所述，張載以天地之性與氣質之性論人性，氣質之性除解釋人之為惡外，還用以解釋人的聰愚賢孝、剛毅溫柔等差異，即所謂氣質。故修養之方，在變化氣質。張載說：

> 為學大益，在自求變化氣質……故學者先須變化氣質。[106]

氣質者，「氣者自萬物散殊時各有所得之氣」[107]，即氣質之性，習者，「自胎胞中以至於嬰孩時，皆是習也」[108]，二者合稱為「氣習」。氣質乃天生的，「人之氣質美惡與貴賤夭壽之理，皆是所受定分」[109]，人的氣質之性雖生來各有不同，但天生的氣質是可以靠後天的修養而改變的，即使是「氣質惡者，學即能移，今人所以多為氣所使而不得為賢者，蓋為不知學」[110]，「強學以勝其氣習……

---

[105] 《河南程氏遺書》卷2。
[106] 《經學理窟·義理》。
[107] 《張子語錄·語錄下》。
[108] 《張子語錄·語錄下》。
[109] 《經學理窟·氣質》。
[110] 《經學理窟·氣質》。

苟志於學則可以勝其氣與習」⑪。人之所以不能成聖成賢，並不是因為天生如此，而是因為人們多受與生俱來的氣質所宰制，不知變化氣質以日進於道。

　　張載除論氣質之性，還言及天地之性。天地之性是較氣質之性更為根本的人性，是純然至善的，且是人人所具有的。天地之性亦即孟子所言性善，有此天地之性，方使得變化氣質以成聖賢之事成為可能。

三、剛壯果敢

　　張載的德性修養論，整體而言，有剛壯果敢之風，而較少和煦涵養之氣，這或許與他自身氣質之剛毅有關。

　　其論為學，必須立大志，「學者所志至大，猶恐所得淺，況可便志其小」⑫，蓋取法乎上，僅得其中。又「學者不宜志小氣輕，志小則易足，易足則無由進」⑬，志向若小，則容易滿足而無所進步。人只要能立志，「有志於學者，都更不論氣之美惡，只看志如何」⑭，儘管人的稟賦各有不同，但為學能否有成，並不在於天生氣質，而在其志氣為何，「惟患學者不能堅勇」⑮，故張載強調學者要能堅勇。

　　張載以登山喻為學，到峻險處更須剛決果敢以進：

---

⑪　《張子語錄·語錄下》。
⑫　《經學理窟·氣質》。
⑬　《經學理窟·學大原下》。
⑭　《張子語錄·語錄中》。
⑮　《張子語錄·語錄中》。

今人為學如登山麓，方其迤邐之時，莫不闊步大走，及到峭
峻之處便止，須是要剛決果敢以進。⓰

為學如登高山，起初頗有進展，如邁大步，然而愈到高峭險峻處，
愈是難行，此時更須提振志氣，剛決以進。他並自述道：「人又要
得剛，太柔則入於不立……剛則守得定不回，進道勇敢。載則比他
人自是勇處多。」⓱張載十分推崇氣質剛毅之人，且自認自己比起
他人要來得勇敢，也就是有堅強的意志力。張載又以水臨高山之上
為喻，要下即下，人於義理亦應無有遲疑：

今水臨萬仞之山，要下即下，無復凝滯之在前。惟知有義理
而已，則復何迴避。⓲

水從萬仞之山傾洩而下，壯闊無比，張載以此喻人應具此精神，行
所當行，言所當言，義無反顧。張載解釋《周易·大壯·象》「雷
在天上，大壯，君子以非禮弗履」，引申至道德修養方面，以一
「壯」字來闡發，他說：

克己反禮，壯莫甚焉，故《易》於大壯見之。……克己要當
以理義戰退私己，蓋理乃天德，克己者必有剛強壯健之德乃

⓰　《經學理窟·學大原下》。
⓱　《拾遺·近思錄拾遺》。
⓲　《橫渠易說·習坎》。

勝己。……人所以不能行己者，於其所難者則惰，其異俗者
雖易而羞縮。惟心弘則不顧人之非笑，所趨義理耳，視天下
莫能移其道。然為之人亦未必怪，正以在己者義理不勝惰與
羞縮之病，消則有長，不消則病常在，消盡則是大而化之之
謂聖。……在古氣節之士冒死以有為，於義未必中，然非有
志概者莫能，況吾於義理已明，何為不為？正以不剛。……
今夫為長者折枝，非不能也，但恥以為屈而不為耳。⑲

此則以雷在天上之象，喻君子之克己復禮亦須大壯之氣魄乃能為
之。克除自身缺點，須有剛壯之德、雖千萬人吾往矣的精神，方能
做到。且人們不行禮義，有時僅是因為懶散或甚至是怕人取笑，故
必須戰勝自己的惰性與羞怯之病，奮力而為。張載並舉自身經驗以
為說明：「某始持期喪，恐人非笑，己亦自若羞恥，自後雖大功小
功亦服之，人亦以為熟，己亦熟之。天下事，大患只是畏人非笑，
不養車馬，食麤衣惡，居貧賤，皆恐人非笑。不知當生則生，當死
則死，今日萬鍾，明日棄之，今日富貴，明日饑餓亦不卹，惟義所
在。」⑳這是說，張載居喪，以傳統禮儀服之，起初尚擔心他人的
取笑，自己亦感到羞澀，爾後他人見慣便不以為怪。因此，張載體
會到，天下的事，做與不做，往往只在於太過於顧及他人的看法。
故君子行道，應不畏他人非笑，當生則生，當死則死，一旦惟義所
在。可見其氣魄之剛壯。

---

⑲　《橫渠易說·大壯》。
⑳　《經學理窟·自道》。

四、定靜存心

　　所謂「存心」，存者，乃操而不舍之義。張載多以定靜論存心，《横渠易說·復卦·象》「天行也」注解中，引申道：「天何嘗有息……此動是靜中之動。靜中之動，動而不窮。……人之德性亦與此合，乃是己有，苟心中造作安排而靜，則安能久。然必從此去，蓋靜者進德之基也。」⑫此處以復卦為上坤下震，坤代表靜而震代表動，故說是靜中之動，並引申至道德修養，必須以靜為基礎，蓋靜者進德之基。如果不能時時存心，操則存，捨則亡，則「道義無由得生」⑫，必須「如地之安靜不動，然後可以載物，生長以出萬物」⑫，學者之心亦應如是，心要能靜，以定靜持心，則道義可由此而生。

　　張載主張須少做思慮浮想，說：

　　　　心寧靜於此，一向定疊，前縱有何事亦不恤也，休將閑細碎在思慮。……已過、未來者事著在心，畢竟何益。浮思游想盡去之，惟圖向去日新可也。⑫

此言思慮過去及未來之事皆無益處，應將心凝聚於當前。思慮靜，

---

⑫　《横渠易說·復卦》。
⑫　《經學理窟·氣質》。
⑫　《經學理窟·氣質》。
⑫　《横渠易說·咸卦》。

則「能炤物，須放心寬快公平以求之，乃可見道」❿，炤同於照，思慮靜方能明察事物，方可見道。

張載並以「光明」一詞言靜定：

> 強學者往往心多好勝，必無心處之乃善也。定然後始有光明，惟能定已是光明矣，若常移易不定，何來光明？……定則自光明，故《大學》定而至於能慮。人心多則無由光明。❿

此以大畜卦為上艮下乾，而艮有止之意，故張載以止有光明之意，並引申言人心多則無由光明，心能定則光明。《大學》：「知止而後有定，定而後能靜，靜而後能安，安而後能慮，慮而後能得。」朱熹解釋張載此句說：「定則明。凡人胸次煩擾，則愈見昏昧。中有定止，則自然光明。」❿

定靜存心，在張載言，不僅是入德的下手處，也是成德時的精神狀態，如他說：「靜，有言得大處，有小處。如『仁者靜』，大也；『靜而能慮』，則小也。始學者亦要靜以入德，至成德亦只是靜。」❿故靜可從大處說，或從小處說。定靜安慮得，是小處說；仁者靜，是大處說。張載並舉自身體驗，說：「思慮要簡省，煩則所存都昏惑，中夜因思慮不寐則驚魘不安。某近來雖終夕不寐，亦

---

❿　《橫渠易說‧繫辭下》，「窮神知化，德之盛也」注解。

❿　《橫渠易說‧大畜卦》。

❿　《近思錄》卷 4。

❿　《經學理窟‧學大原下》。

能安靜，卻求不寐，此其驗也。」⑫張載對定靜的強調，也許受佛教修習禪定之影響有關，但道學本受佛道二家影響，道學家亦多主張習靜，如周敦頤的「主靜」⑬，程頤每見人靜坐，便歎其善學，皆是也。

五、勉勉不已

為德之要，要有恆心毅力，勉勉不已。張載說：「所謂勉勉者，謂『繼之者善也，成之者性也』，繼繼不已，乃善而能至於成性也。」⑬所謂勉勉，或繼繼，皆指為學為德之功必須持而不懈。從立志到成德，其間修德工夫須勉力而行，方有所得，「若求之不已，無有不獲，惟勉勉不忘為要耳」⑬。為學之法，必須求之不已，時刻不懈怠，如此方能有所獲益，「能勉然後日進而不息可期矣」⑬。此義亦見於：「行之篤者，敦篤云乎哉。如天道不已而然，篤之至也。」⑬天道運行不已，為篤之至，人之為德亦應篤行。

此外，進德之事，起初都是要勉勉力行的，但最終將成自然而不費勁，如張載說：「仁人則須索做，始則須勉勉，終則復自

---

⑫　《經學理窟·自道》。

⑬　《太極圖說》：「聖人定之以中正仁義而主靜。」見《宋元學案·濂溪學案下》卷 12。

⑬　《經學理窟·氣質》。

⑬　《拾遺·性理拾遺》。

⑬　《正蒙·中正篇第八》。

⑬　《正蒙·中正篇第八》。

然。」**⑬**此言為德之事，若言有成，則須是自然而不須勉勉力行的。張載又說：

> 君子莊敬日強，始則須拳拳服膺，出於牽勉，至於中禮卻從
> 容，如此方是為己之學。**⑬**

德性修養起初有些勉強，但其後若能做到不勉而中，則方是為己之學。

　　張載認為，勉勉於德性修養，「至從心所欲不踰矩方可放下」**⑬**。此引孔子「七十而從心所欲不踰矩」**⑬**之言，只有到不踰矩的境界方能不須勉勉而行，真可謂任重而道遠。張載又說：「心各見本性，始為己有，苟未見性，須當勉勉。今學者既知趨向，殊不費力，何為不勉勉。」**⑬**按，見性乃佛教語，張載以學者未見性則須勉勉，在德性未成之前，學者必須時時勉力而行。

六、無心絕四

　　上言為學應勉勉不已，此處則論「無心」，勿助長，蓋勉勉不已乃為德之始所必要，而無心則為修養之後一階段。張載說：

---

⑬　《經學理窟·氣質》。

⑬　《經學理窟·氣質》。

⑬　《經學理窟·義理》。

⑬　《論語·為政》。

⑬　《橫渠易說·繫辭上》，「仁者見之謂之仁，知者見之謂之知」注解。

> 求心之始如有所得，久思則茫然復失，何也？夫求心不得其
> 要，鑽研太甚則惑。心之要只是欲平曠，熟後無心，如天簡
> 易不已。今有心以求其虛，則是已起一心，無由得虛。切不
> 得令心煩，求之太切則反昏惑，孟子所謂助長也。孟子亦只
> 言存養而已，此非可以聰明思慮，力所能致也。⑭

此言存養心性，過於鑽研則惑，故要放開心胸，勿忘勿助長。張載
論為德之法，雖十分強調剛壯勇敢，勉勉以行，然進德到了某一階
段，則又必須平曠自心，勿求之太過，以避免揠苗助長之病。張載
說：「強學者往往心多好勝，必無心處之乃善也。」⑭好強之心，
儘管備受張載稱許，但還須更進一層翻轉，以無心處之，則境界更
高。

　對於無心，張載闡釋道：「不得已，當為而為之，雖殺人皆義
也；有心為之，雖善皆意也。正己而物正，大人也；正己而正物，
猶不免有意之累也。有意為善，利之也，假之也；無意為善，性之
也，由之也。」⑭按，「不得已」者，理所必行，故雖殺人亦為
義。「有心為之」，立意以求功，故雖善，亦出於有意為之。「正
己而物正」，意即無心於物，所以為大人。若正己而欲正物，則不
免有意存焉。此處言應無心以為善，無心以為德。

　此外，張載常以孔子所謂「絕四」⑭為論，即毋意、毋必、毋

---

⑭　《經學理窟·氣質》。
⑭　《橫渠易說·大畜卦》。
⑭　《正蒙·中正篇第八》。
⑭　《論語·子罕》。

固、毋我。張載說：「意，有思也；必，有待也；固，不化也；我，有方也。四者有一焉，則與天地為不相似。」❹此乃釋《周易·繫辭》「與天地相似」所引申之言。意、必、固、我，只要有此四者之其一，即與天地不相似。王夫之在解釋張載「四者有一焉，則與天地為不相似」，曰：「天地誠有而化行，不待有心以應物（無意）；施生無方，栽培傾覆，無待於物以成德（無必）；四時運行，成功而不居（無固）；并育并行，無所擇以為方體（無我）。四者忘，則體天矣。此言成德之極致，四者絕也。」❹為德的較高境界，是要無心以得之，即毋意、毋必、毋固、毋我。張載又說：「天理一貫，則無意必固我之鑿。意必固我，一物存焉，非誠也。四者盡去，則直養而無害矣。」❹此絕四之心，簡言之，也就是無執著於自我之心，意、必、固、我四者有其一存之於心，則不是誠的境界。張載又說：「毋意，毋常心也。無常心，無所倚也。倚者，有所偏而係着處也。……所謂倚者，如夷清惠和，猶有倚也。……聖人之清直如伯夷之清，聖人之和直如下惠之和，但聖人不倚着於此，只是臨時應變，用清和取其宜。」❹此指毋意即無所倚著，亦即人的氣質才性各有不同，如有所執則為有倚，如伯夷之清與柳下惠之和，皆是有其性之一端而有所偏且係着的。張載認為，人應修養己性，使不偏着於一處。絕四，為德性修養的最高境界，唯聖人所能至。下一節則專論境界。

***

❹　《橫渠易說·繫辭上》，「與天地相似」注解。

❹　《張子正蒙注》卷4。

❹　《正蒙·中正篇第八》。

❹　《張子語錄·語錄中》。

第三節　境　界

張載論德性修養的境界，可分為大人與聖人，以下分論之。

一、大人與精義入神

張載說：「大人之事，修而可至。」❿故大人的境界是可修而至的。張載並論大人與聖人的區別：

> 精義入神，利用安身，此大人之事。大人之事則在思勉力
> 行，可以推而至之。未之或知以上事，是聖人盛德自致，非
> 思勉可得。猶大而化之，大則人為可勉也，化則待利用安身
> 以崇德，然後德盛仁熟，自然而致也，故曰窮神知化，德之
> 盛也。自是別隔為一節。❿

大人乃思勉可至，而聖人則是德盛自致，非思勉可得。又，此處以精義入神以言大人，以窮神知化言聖人。按，精義入神與窮神知化，二者皆出自《周易·繫辭》，所謂「精義入神，以致用也」及「窮神知化，德之聖也」。精義入神者，「精研其義至於入神」❿。窮神知化者，「窮極微妙之神，曉知變化之道」❿。所謂神

---

❿　《橫渠易說·乾卦》。

❿　《橫渠易說·繫辭下》，「精義入神，以致用也」注解。

❿　朱熹《周易本義》，臺北，大安出版社，1999 年。

❿　《周易正義》。

化，張載曾說：「氣有陰陽，推行有漸為化，合一不測為神。」❶❺❷故知神與化乃氣的陰陽變化之道。張載又解釋說：「義有精粗，窮理則至於精義，若盡性則即是入神。」❶❺❸此言義理有深淺，窮理到其精深處，即是精義，由窮理進而窮盡事物之本性，認識到天下事物皆由氣所變化而成。故精義入神之義，即窮理盡性。至於精義入神與窮神知化的差異，張載說：「窮神是窮盡其神，入神是僅能入於神也。言入如自外而入，義固有淺深。」❶❺❹可知精義入神是僅能入於神，而窮神知化是窮盡其神，故窮神知化乃較精義入神層次更高。也就是說，聖人是較大人為更高的修養境界。

二、聖人與窮神知化

聖人是道德修養的最高境界，不可學而至，不可力勉而至。張載以「窮神知化」、「位天德」、「成性」等來說明此一最高境界。「窮神知化，是德之極盛處也」❶❺❺，故窮神知化是道德修養的最高境界。關於窮神知化，據朱伯崑❶❺❻所言，此命題屬於對氣化法則和事物變易法則的認識問題，也是張載對其所追求的生活理想的回答。張載把《周易》視作是論說事物變易法則的典籍。關於事物變易的法則，張載將之歸結為「神化」二字。張載所謂「神」，大體繼承《易傳》「陰陽不測之謂神」及「知變化之道者，其知神之

---

❶❺❷ 《正蒙·神化篇第四》。

❶❺❸ 《橫渠易說·繫辭下》，「精義入神，以致用也」注解。

❶❺❹ 《橫渠易說·繫辭下》，「精義入神，以致用也」注解。

❶❺❺ 《橫渠易說·乾卦》。

❶❺❻ 見《易學哲學史》第二卷，頁 315-323。

所為乎」之說,即拋棄以神為神靈的有神論觀點,而指氣運動變化的本性,此種意義的神是同於「化」。神,指運動的性能和泉源;化,指運動的過程和形式。如《正蒙·神化篇》所云:「氣有陰陽,推行有漸為化,合一不測為神。」因此,窮神知化,乃指其所窮之神乃氣之神,其所知之化乃氣之化。

　　張載認為,窮神知化,與天為一,不是勉力所能達到,「乃德盛仁熟之致,非智力能強也」⓲,「非思勉之能強」⓳,故窮神知化是德性成熟所自然達到的,不是人的心力所能勉強達到的境界。所謂思勉,張載解釋說:「勉,蓋未能安也;思,蓋未能有也。」⓴王夫之注:「未能安,則見難而必勉;未能有,必待思而得之。」也就是尚未將道德內化於己,而必須勉力思索方可得,此亦未達隨心所欲不踰矩的境界。故張載說:

　　　　勉而清,非聖人之清;勉而和,非聖人之和。所謂聖者,不
　　　　勉不思而至焉者也。⑯

此言若是須要勉力方能達到的修養境界,不能算是聖人的境界,因聖人乃是不思不勉而至的。張載又說:「三十器於禮,非強立之謂也。四十精義致用,時措而不疑。五十窮理盡性,至天之命,然不可自謂之至,故曰知。六十盡人物之性,聲入心通。七十與天同

⓲　《橫渠易說·繫辭下》,「窮神知化,德之盛也」注解。
⓳　《橫渠易說·繫辭下》,「精義入神,以致用也」注解。
⓴　《正蒙·中正篇第八》。
⑯　《正蒙·中正篇第八》。

德，不思不勉，從容中道。」❿此乃引申孔子「三十而立，四十而不惑，五十而知天命，六十而耳順，七十而從心所欲不踰矩」❿之語，七十隨心所欲不逾矩，即為不思不勉之聖人境界。

　　此外，張載以「位天德」言窮神知化：「大而位天德，則窮神知化。」❿又：「化而聖矣，造而位天德矣。」❿故位天德即是聖人境界，與天同德。張載又以「成性」言聖人與位天德，如：「成性則躋聖而位天德。」❿又如：「成性則謂之聖者。」❿盡己之性達到圓滿的境界，即是成性，也就是登上了聖人的地位，成為聖者。

❿　　《正蒙·三十篇第十一》。
❿　　《論語·為政》。
❿　　《橫渠易說·繫辭下》，「窮神知化，德之盛也」注解。
❿　　《橫渠易說·乾卦》。
❿　　《橫渠易說·乾卦》。
❿　　《橫渠易說·乾卦》。

第六章　從易學至道學
的義理脈絡

　　本書主旨，除分別探討張載易學與道學，還要闡發其從易學至道學的義理脈絡。在第二章「《橫渠易說》與《正蒙》的文獻考察」中，以文獻比對的方法發現《橫渠易說》與《正蒙》二者的密切關係，進而訂定先述其易學而後論其道學的論述方式。本章則從義理的角度，試圖展現張載道學乃是以《橫渠易說》為基礎而建立的。

第一節　源自《橫渠易說》的道學概念

　　此處以逆推方式，藉由張載道學的重要概念，尋找其見於《橫渠易說》之處，由此而推知這些概念乃源自《橫渠易說》，以證其道學之出於易學❶。

　　張載道學體系中，其道體部分的重要概念有：太虛、氣、心/

---

❶　按，《橫渠易說》是張載早期著作，而道學著作《正蒙》乃最後一部著作，是故於《橫渠易說》中所見之道學概念，可證其從易學至道學的發展。

性/情、天地之性/氣質之性、駁佛老❷等。至於為學部分，其重要概念有：窮理/盡性、見聞之知/德性之知、剛壯果敢❸、變化氣質、以禮持性、定靜存心、勉勉不已、無心絕四、大人/精義入神、聖人/窮神知化等。現將見於《橫渠易說》的道學概念及其陳述列於以下。

「太虛」

1. 「彼欲直語太虛」，注於《繫辭上》「知幽明之故」句下。

2. 「太虛者，氣之體」，注於《繫辭上》「故知死生之說」句下。

3. 「氣之聚散於太虛……知太虛即氣」，注於《繫辭上》「易有聖人之道」句下。

4. 「氣塊然太虛」，注於《繫辭下》「天地絪縕」句下。

5. 「太虛之氣，陰陽一物也」，注於《繫辭下》「夫乾，天下之至健」句下。

「氣」

1. 「氣一出一入……氣復升騰」，注於《繫辭上》「是故剛柔相摩」句下。

2. 「氣聚則離明得施而有形，氣不聚則離明不得施而無形」，注於《繫辭上》「知幽明之故」句下。

3. 「太虛者，氣之體。氣有陰陽，屈伸相感之無窮」，注於《繫辭上》「故知死生之說」句下。

---

❷ 駁佛老雖不可視為概念，但《橫渠易說》中對佛道二家的批評亦在張載道學中占一席之位，故必須列入統計。

❸ 剛壯果敢等各修養方法，《橫渠易說》中未必以相同詞彙表達，故意義相近者亦可列入。

4.「天惟運動一氣」，注於《繫辭上》「與天地相似」句下。

5.「氣之聚散於太虛……知太虛即氣」，注於《繫辭上》「易有聖人之道」句下。

6.「凡氣，清則通」，注於《繫辭上》「易有聖人之道四焉」句下。

7.「蓋為氣能一有無」，注於《繫辭上》「形而上者謂之道」句下。

8.「氣有陰陽，……天之化也運諸氣……所謂氣也者」，注於《繫辭下》「窮神知化，德之盛也」句下。

9.「氣块然太虛」，注於《繫辭下》「天地絪縕」句下。

10.「太虛之氣，陰陽一物也……有氣方有象……」，注於《繫辭下》「夫乾，天下之至健」句下。

11.「一物兩體者，氣也」，注於《說卦》「參天兩地」句下。

12.「易一物而三才備，陰陽氣也」，注於《說卦》「昔者聖人之作易也」句下。

13.「易一物而合三才……陰陽其氣」，注於《說卦》「昔者聖人之作易也」句下。

「心/性/情」

1.「以利解性，以貞解情。……情則是實事……莫非性中發出實事也」，注於《乾卦》「利貞者，性情也」句下。

「天地之性/氣質之性」

「駁佛老」

1.「彼異學則皆歸之空虛，蓋徒知乎明而已，不察夫幽，所見一邊耳」，注於《繫辭上》「知幽明之故」句下。

2. 「聖人仰觀俯察，但云知幽明之故，不云知有無之故」，注於《繫辭上》「知幽明之故」句下。

3. 「大易不言有無，言有無，諸子之陋也」，注於《繫辭上》「知幽明之故」句下。

4. 「釋氏語實際……彼欲直語太虛，不以晝夜陰陽累其心，則是未始見易」，注於《繫辭上》「知幽明之故」句下。

5. 「過則溺於空，淪於靜」，注於《繫辭上》「範圍天地之化而不過」句下。

6. 「聖人之意莫先乎要識造化……彼惟不識造化，以為幻妄也」，注於《繫辭上》「乾坤其易之縕邪……則乾坤或幾乎息矣」句下。

7. 「《老子》言，『天地不仁，以萬物為芻狗』，此是也；『聖人不仁，以百姓為芻狗』，此則異也」，注於《繫辭上》「鼓萬物而不與聖人同憂」句下。

8. 「諸子馳騁說辭，窮高極幽，而知德者厭其言」，注於《繫辭上》「言天下之至賾而不可惡」句下。

9. 「諸子淺妄，有有無之分，非窮理之學也」，注於《繫辭上》「易有聖人之道」句下。

10. 「釋氏之言性不識易」，注於《繫辭上》「乾坤其易之縕邪」句下。

11. 「世人取釋氏銷礙入空……豈天道神化所同語也哉」，注於《繫辭下》「窮神知化，德之盛也」句下。

12. 「釋氏元無用，故不取理」，注於《說卦》「窮理盡性以至於命」句下。

「窮理/盡性」

1. 「窮理盡性，然後至於命」，注於《繫辭上》「範圍天地之化而不過」句下。

2. 「不越乎窮理」，注於《繫辭下》「天地之道，貞觀者也」句下。

3. 「不窮理盡性即是戕賊，不可至於命」，注於《說卦》「窮理盡性以至於命」句下。

4. 「與窮理盡性以至於命同意」，注於《說卦》「窮理盡性以至於命」句下。

5. 「吾儒以參為性，故先窮理而後盡性」，注於《說卦》「窮理盡性以至於命」句下。

6. 「窮理亦當有漸……窮理盡性」，注於《說卦》「窮理盡性以至於命」句下。

「見聞之知/德性之知」

「以禮持性」

1. 「天地位定而易行乎其中，知禮成性而道義出」，注於《繫辭上》「知崇禮卑……成性存，道義之門」句下。

2. 「知禮以成性，性乃存，然後道義從此出」，注於《繫辭上》「知崇禮卑……成性存，道義之門」句下。

「變化氣質」

「剛壯果敢」

1. 「今水臨萬仞之山，要下即下，無復凝滯之在前。惟知有義理而已，則復何迴避」，注於《習坎卦》下。

2. 「克己反禮，壯莫甚焉，故《易》於大壯見之……克己要當以理

義戰退私己,蓋理乃天德,克己者必有剛強壯健之德乃勝己」,
注於《大壯卦》下。

「定靜存心」

1. 「人心多則無由光明」,注於《蒙卦》下。

2. 「蓋靜者進德之基也」,注於《復卦》下。

3. 「定則自光明,故《大學》定而至於能慮。人心多則無由光
明」,注於《大畜卦》下。

4. 「心寧靜於此……已過、未來者事著在心,畢竟何益」,注於
《咸卦》下。

5. 「大抵思慮靜乃能炤物,須放心寬快公平以求之,乃可見道」,
注於《繫辭下》「窮神知化,德之盛也」句下。

「勉勉不已」

1. 「苟未見性,須當勉勉。今學者既知趨向,殊不費力,何為不勉
勉」,注於《繫辭上》「仁者見之謂之仁,知者見之謂之知」句
下。

「無心絕四」

1. 「人自要尊大,須意、我、固、必……此所以取辱取怒也」,注
於《謙卦》下。

2. 「意,有思也;必,有待也;固,不化也;我,有方也」,注於
《繫辭上》「與天地相似」句下。

3. 「與天地參,無意必固我,然後範圍天地之化」,注於《繫辭
上》「範圍天地之化而不過」句下。

4. 「行其所無事,則是意必固我已絕」,注於《繫辭上》「天下何
思何慮」句下。

「大人/精義入神」❹

1.「若大人則學可至也」，注於《乾卦》下。

2.「精義入神，豫而已……精義入神須從此去……精義入神以致用」，注於《繫辭下》「精義入神以致用也」句下。

3.「精義入神，事豫吾內」，注於《繫辭下》「精義入神以致用也」句下。

4.「精義入神，要得盡思慮」，注於《繫辭下》「精義入神以致用也」句下。

5.「精義入神，固不待接物」，注於《繫辭下》「精義入神以致用也」句下。

6.「精義入神，利用安身，此大人之事」，注於《繫辭下》「精義入神以致用也」句下。

7.「通天下為一物而已，惟是要精義入神」，注於《繫辭下》「精義入神以致用也」句下。

8.「精義入神，交信於不爭之地」，注於《繫辭下》「窮神知化，德之盛也」句下。

9.「明庶物，察人倫，然後能精義入神」，注於《繫辭下》「窮神知化，德之盛也」句下。

「聖人/窮神知化」❺

1.「窮神知化，則是德之盛」，注於《繫辭下》「精義入神以致用

---

❹　此處統計，以出現「精義入神」一詞為主，因大人一詞較為普遍而「精義入神」乃出自《周易》。

❺　此處統計，以出現「窮神知化」一詞為主，其原因同「大人/精義入神」。

也」句下。

2. 「窮神知化，乃養成自然，非思勉之能強」，注於《繫辭下》「精義入神以致用也」句下。

3. 「德盛仁熟，自然而致也，故曰窮神知化，德之盛也」，注於《繫辭下》「精義入神以致用也」句下。

4. 「易謂窮神知化，乃德盛仁熟之致，非智力能強也」，注於《繫辭下》「窮神知化，德之盛也」句下。

5. 「窮神知化，與天為一」，注於《繫辭下》「窮神知化，德之盛也」句下。

6. 「窮神知化，德之盛也歟」，注於《繫辭下》「窮神知化，德之盛也」句下。

7. 「大而位天德，則窮神知化」，注於《繫辭下》「窮神知化，德之盛也」句下。

上述各條，以圖表統計如下。

道學概念	見於《易說》之條數	附　　　註
太虛	5	5 條皆出自《繫辭》
氣	13	10 條出自《繫辭》，3 條出自《說卦》
心/性/情	1	1 條出自《乾卦》
天地之性/氣質之性	0	
駁佛老	12	11 條出自《繫辭》，1 條出自《說卦》
窮理/盡性	6	2 條出自《繫辭》，4 條出自《說卦》
見聞之知/德性之知	0	
以禮持性	2	2 條皆出自《繫辭》
變化氣質	0	
剛壯果敢	2	1 條出自《習坎卦》，1 條出自《大壯卦》

定靜存心	5	1 條出自《蒙卦》，1 條出自《復卦》，1 條出自《大畜卦》，1 條出自《咸卦》，1 條出自《繫辭》
勉勉不已	1	1 條出自《繫辭》
無心絕四	4	1 條出自《謙卦》，3 條出自《繫辭》
大人/精義入神	9	1 條出自《乾卦》，8 條出自《繫辭》
聖人/窮神知化	7	7 條皆出自《繫辭》

就道體部分，一共有五組概念，其中有四組概念見於《橫渠易說》，且以「太虛」、「氣」及「駁佛老」三個概念的次數最多，此三者是張載道學中最重要的概念，可見張載道學之出於易學。就為學部分，一共有十組概念，其中有八組見於《橫渠易說》，並以「大人/精義入神」與「聖人/窮神知化」二組概念的次數最多。整體而言，有五分之四的道學概念來自《橫渠易說》。

至於以上道學概念出自《橫渠易說》之處，以《繫辭》注解為最多，達五十二次，可見張載道學的概念多來自於對《繫辭》的注解。

第二節　《橫渠易說》解易特點與張載道學的關係

本書第三章張載易學，已探討《橫渠易說》的解易特點。張載的解易特點與其道學之間有著相當密切的關係，從中可見張載從易學至道學的思維軌跡。以下分兩點討論。

一、反對以有無解易的易學特點與
駁佛老的道學特色

　　北宋易學，受唐代《周易正義》影響很大，張載易學即有多處是針對《周易正義》的觀點而發的。《周易正義》采王弼及韓康伯注，繼承魏晉時代的玄學特色，也就是以《老子》「天下萬物生於有，有生於無」❻此種以無為本的概念來注解《周易》。張載在《橫渠易說》中多次反對以有無解易，如：「大易不言有無，言有無，諸子之陋也。」❼又如：「聖人自不言有無，諸子乃以有無為說。說有無，斯言之陋也。」❽張載認為易是不言有無的，言有無是老莊玄學之陋說。此反對有無解易，亦即反對老莊的立場，在張載道學中衍生為對佛道二家的批駁，並以所建立的「太虛即氣」理論，大加批判佛老。如張載說：「氣之聚散於太虛，猶冰凝釋於水，知太虛即氣，則無有有無。故聖人語性與天道之極，盡於參伍

---

❻　《老子》第四十章。

❼　《橫渠易說·繫辭上》，「知幽明之故」注解。

❽　《橫渠易說·繫辭上》，「範圍天地之化而不過」注解。《易說》中華本以《周易繫辭精義》引「張氏曰」下無此文，惟於「呂氏曰」下載首四句，而認為應係呂大臨之說混入。按，《大易粹言》以此段為張載之言，所引字句與《易說》同，而呂大臨《易章句》僅曰：「範圍天地之化而不過，過則溺於空，淪於靜，既不能窮其神，又不能知夫化矣。」而無「大抵過則不是著有，則是著無。聖人自不言有無，諸子乃以有無為說。說有無，斯言之陋也」之句，見《藍田呂氏遺著輯校》。因此，推測此言應出自張載《易說》，弟子呂大臨乃採其師說。

之神變易而已。諸子淺妄，有有無之分，非窮理之學也。」❾此是以氣來質疑有無，貫穿本體與現象，來駁斥道家區分有無的本體論。張載認為本體是氣，現象亦是氣，由此糾正佛道兩家偏重本體之偏。「氣」與「太虛」這兩個概念皆出自《橫渠易說》，在張載道學中占有非常重要的地位，是張載論道體的極重要概念。故可見張載道學中對佛老的批駁，不論是概念或是陳述，皆出自《橫渠易說》。

二、多從道德立場解易的易學特點與
重視德性修養的道學特色

　　張載易學的另一特點，是多從人事、道德的立場來注解《周易》。如《橫渠易說》對《乾卦》卦爻辭，皆從道德修養的角度來解釋，將乾卦的初爻到九五爻視為道德修養的不同階段。又如，其注《大壯卦》象傳「雷在天上，大壯，君子以非禮弗履」，以「克己反禮，壯莫甚焉，故易於大壯見之」❿來解釋。又解《習坎卦》象傳「習坎，重險也，水流而不盈，行險而不失其信」，引申為：「今水臨萬仞之山，要下即下，無復凝滯之在前，惟知有義理而已。」⓫又如對《離卦》九三「日昃之離」的注解，說：「明正將老，離過於中，故哀樂之不常其德，凡人不能久也。故君子為德，

---

❾　《橫渠易說·繫辭上》，「是以君子將有為也……易有聖人之道四焉者，此之謂也」注解。
❿　《橫渠易說·大壯·象》。
⓫　《橫渠易說·習坎·象》。

· 219 ·

夭壽不貳。」❷又如解《艮卦》象傳「時止則止，時行則行，動靜
不失其時，其道光明」，曰：「學者必時其動靜，則其道乃不蔽昧
而明白。今人從學之久，不見進長，正以莫識動靜，見他人擾擾，
非關己事而所修亦廢。」❸以上各例，皆是從道德修養的角度解釋
《周易》。

　　張載對道德修養的重視，貫穿其道學思想。如張載將人對事物
的體察分為見聞之知與德性之知，而德性之知是修養心性方能獲
得，可見其對道德的強調。又張載論各種修養方法，如以禮持性、
變化氣質、剛壯果敢、定靜存心、勉勉不已、無心絕四等，以及道
德境界即精義入神與窮神知化，總括而言，在其道學中占有幾乎是
一半的份量。因此，張載從道德立場解易的易學特點，與其重修養
的道學特點，二者是一脈相承的。

第三節　小　結

　　《橫渠易說》是張載易學的著作，《正蒙》是張載道學的代表
作。本書以《橫渠易說》與《正蒙》這兩部著作為主，探討張載易
學及道學，分別見於第三、四、五章。此外，張載易學與道學的關
係，亦即其從易學至道學的思想脈絡，也是本書所試圖探索之處。
本章從義理角度，展現張載從易學至道學的義理脈絡。其法有二，
其一為由張載道學的重要概念上溯其見於《橫渠易說》之處，以證

---

❷　　《橫渠易說・離・九三》。

❸　　《橫渠易說・艮・象》。

其道學之出於易學。此探討發現，有五分之四的道學概念來自《橫渠易說》，且多數出自於對《繫辭》的注解。其二，從《橫渠易說》的解易特點，探討張載易學與道學的關係。此法發現，反對以有無解易的特點，在其道學中發展成有關批駁佛老的論述；而從道德立場解易的特點，與其道學中占有一半份量的道德修養論密切相關，也就是說，張載論修養工夫與德性境界，乃是出自《橫渠易說》，是在注解《周易》中闡發引申而來的。總而言之，張載從易學至道學的義理脈絡，由此可證。

　　張載道學與其易學的密切關係，說明張載道學是建立在其易學的基礎上。張載易學，可說是依經解義，也就是熊十力所謂的「釋經」；張載道學，則是依《周易》之旨而立說，亦即熊十力所謂「宗經」。釋經，即經學是也；宗經，相當於今日所稱哲學。經學與哲學，二者並非是完全不相干的領域，而是相互關聯的。本書以結合經學與哲學為動機，以文獻與思想並用為方法，分別論述張載易學及道學，及其從易學至道學的發展。在文獻上，發現《正蒙》有四分之一來自《橫渠易說》；在義理上，亦證明張載道學出自其易學。從《橫渠易說》至《正蒙》，從易學至道學，即為張載學術發展之脈絡，亦即本書主旨所在。

結　語

　　本書以《橫渠易說》與《正蒙》為主，探討張載易學及道學，及其從易學至道學的發展脈絡。在方法上，結合文獻與義理；在分析上，結合經學與哲學。關於張載易學與道學，於各章中已分別析而言之，至於其學術之大體，此處試為一論。

　　張載學術，乃是先求窮理，而後盡性。若以尊德性與道問學二者為言，雖然道學家無不以尊德性為目標，但道問學是否為優先且必要之手段，則道學家各有所見。張載則是以道問學為優先，為達到尊德性的重要方法，此種觀點亦為朱熹所主張。張載以探究道體為其學術基礎，以「太虛即氣」❶論實相，從中安立自身，力闢佛老，並推衍出「民吾同胞，物吾與也」❷的萬物一體觀念，以及「存，吾順事；沒，吾寧也」❸的生死觀。在這方面，確如王夫之所稱：「貞生而安死。」❹另方面，張載從對道體的理解，推及自身，「合虛與氣，有性之名」❺，則人人皆具天地之性與氣質之性。知有天地之性，則知成聖之可能；知有氣質之性，則需修養不

---

❶　《正蒙·太和篇第一》。
❷　此即《西銘》之語，《正蒙·乾稱篇第十七》。
❸　此亦《西銘》之語，《正蒙·乾稱篇第十七》。
❹　《張子正蒙注·序論》。
❺　《正蒙·太和篇第一》。

懈。變化氣質，即變化氣質之性，使其善反之，返歸天地之性。如此可見天道論、心性論、工夫論三者，通而為一❻。簡言之，由天而人，由窮理而盡性，即為張載學術之大旨。

張載在道學史上，列於北宋五子之一，亦是道學的主要奠基人，其「心統性情」❼、「形而後有氣質之性，善反之則天地之性存」❽等觀念為朱熹所繼承，後世奉朱學為正統，則張載思想對後世道學影響亦深遠。《西銘》一文，流傳尤廣。然而，張載道學的主要觀念「太虛即氣」，卻未能有較深影響，此乃因後世多延續朱熹理氣論，故張載此說未能得到發揚。學者或有以羅欽順、王廷相等人繼承並發展張載氣論❾，但羅、王二人並不專言氣，且有言理，而張載並不言理，故實際上張載氣論並未有所發展。至於張載具剛毅之風的修養論，對後世亦未見明顯影響。

---

❻　過去對宋明道學的研究，往往將天道論（宇宙論）、心性論、工夫論三者分而論之，缺乏三者間關係的探討。此處則顯示，此三部分在張載思想中，乃是通而為一，彼此關聯的。

❼　《拾遺·性理拾遺》。

❽　《正蒙·誠明篇第六》。

❾　如姜國柱《張載關學》等著作。

附錄一　張載著作及版本考

　　張載的著作，有些今已失傳，現將目錄所記張載著作及其版本
情況敘述如下。

一、《橫渠易說》或作《易說》、《橫渠先生易說》

　　此書在《郡齋讀書志》❶、《宋史藝文志》❷與《文獻通考》
❸中，均著錄為十卷。在《直齋書錄解題》❹中著錄為三卷。明代
所編《張子全書》收入此書。

　　㈠明嘉靖十七年（1538）呂柟刻本

　　《橫渠先生易說》三卷，存二卷，上經一卷，下經一卷，二
冊，十行二十字，白口，左右雙邊，現藏中國國家圖書館❺。

　　㈡《通志堂經解》本

---

❶　卷 1。
❷　卷 1。
❸　卷 176。
❹　卷 1。
❺　主要參考的書目有：《現存宋人著述目略》、《中國歷代藝文總志》、
　　《中國古籍善本書目》、《北京圖書館古籍善本書目》、《北京圖書館普
　　通古籍總目》、《國立故宮博物院善本舊籍總目》、《北京大學圖書館藏
　　古籍善本書目》、《中國叢書綜錄》、《中國叢書廣錄》、《國立國會圖
　　書館漢籍目錄》等。以下同。

　　《橫渠先生易說》三卷，收入於清納蘭成德所輯《通志堂經解》，康熙十九年（1680）通志堂刊本，現藏中國國家圖書館。乾隆五十年（1785 年）修補本，三冊，現藏中國國家圖書館。同治十二年（1873）粵東書局重刊本，傳本甚多，如藏於中國國家圖書館等。

　　㈢《四庫全書》本

《橫渠易說》三卷，收入於《四庫全書》，清乾隆三十八年敕輯。

二、《橫渠詩說》或作《詩說》

　　宋尤袤《遂初堂書目》❻著錄此書，《宋志》❼著錄為一卷。今未見。

三、《橫渠張氏祭禮》或作《橫渠張氏祭儀》、《張氏祭禮》

　　此書著錄於《直齋書錄解題》❽，《宋志》❾作「橫渠張氏祭儀」，《國史經籍志》❿作「張氏祭禮」，俱為一卷。今未見。

四、《禮記說》

　　僅《經義考》⓫著錄，為三卷，雖云「未見」，但附有魏了翁

---

❻　　不分卷。
❼　　卷 1。
❽　　卷 6。
❾　　卷 3。
❿　　卷 3。
⓫　　卷 141。

序。其序曰：「今《禮記說》一編，雖非全解，而四十九篇之目，大略固具，且又以《儀禮》之說附焉。然則是編也，果安所從得與？嘗反復尋繹，則其說多出於《正蒙》、《理窟》、《信聞》諸書，或者先生雖未及定著為書，而門人會粹遺言，以成是編與？」今未見。

五、《橫渠春秋說》

此書著錄於《郡齋讀書志》❷，為一卷。《郡齋讀書志》並稱「其書未成」。今未見。

六、《橫渠孟子解》或作《孟子張氏解》

此書《郡齋讀書志》❸作十四卷，《文獻通考》❹、《國史經籍志》❺（作「孟子張氏解」）俱為二十四卷。今未見。

七、《橫渠先生經學理窟》或作《經學理窟》

此書著錄於《郡齋讀書志》❻作一卷，其他宋元目錄作《經學理窟》，除《宋志》❼為三卷外，其餘皆作一卷。《郡齋讀書志》曰：「橫渠先生《經學理窟》一卷，其目有所謂周禮、詩書、宗

---

❷　卷 3。
❸　卷 10。
❹　卷 184。
❺　卷 2。
❻　《附志》卷 5 下。
❼　卷 1。

法、禮樂、氣質、義理、學大原、自道、祭祀、月令統、喪紀,凡
十二云。」與今本合。明代所編《張子全書》收入此書。

㈠《諸儒鳴道集》本

　　《橫渠經學理窟》五卷,收入於宋代叢書《諸儒鳴道集》中,
宋端平(1234-1236)中閩川黃壯猷修補刊本,現藏上海圖書館。

㈡明嘉靖元年(1522)黃鞏刻本

　　《橫渠經學理窟》五卷,四冊,十行十九字,白口,四周雙
邊,現藏中國國家圖書館等。

㈢明萬曆二十年(1592)李禎刻本

　　《橫渠經學理窟》五卷,二冊,有嘉業堂藏印,現藏浙江大學
(原杭州大學)圖書館。

八、《正蒙書》或作《正蒙》

　　此書宋元明書目皆作十卷,明代書目已改稱《正蒙》。《郡齋
讀書志》❶稱此書「初無編次,其後門人蘇昞等區別成十七篇」,
《直齋書錄解題》❶稱「凡十九篇,范育、呂大臨、蘇昞為前後
序,皆其門人也,又有待制胡安國所傳編為一卷,末有行狀一
卷」。明代所編《張子全書》收入此書。

㈠《諸儒鳴道集》本

　　《橫渠正蒙》八卷,收入於宋代叢書《諸儒鳴道集》中,宋端
平中閩川黃壯猷修補刊本,現藏上海圖書館。

---

❶　　卷 10。
❶　　卷 9。

㈡朝鮮萬曆二十八年（1600）寫本

　　《正蒙》二卷，現藏日本內閣文庫。

㈢清初刻本

　　《正蒙》二卷，現藏上海圖書館。

㈣清光緒年間刻本

　　《正蒙》一卷，收入於清代盛福所輯《吉林探源書舫叢書》中，現藏遼寧省圖書館等。

九、《張子西銘》或作《西銘》

　　此單行本著錄於明代楊士奇《文淵閣書目》[20]。明代所編《張子全書》收入此書。

　　1.日本江戶（約 1507-1772）刻本

　　《西銘》一卷，有朱熹解，現藏日本內閣文庫。

　　2.日本寬政十二年（1800）刻本

　　《西銘》一卷，有朱熹解，現藏日本內閣文庫。

十、《信聞記》

　　此書著錄於《郡齋讀書志》[21]，皆作一卷。《讀書志》稱此書「雜記經傳之義及辨釋老之失」。今未見。

---

[20]　卷 4。

[21]　卷 10。

十一、《張橫渠注尉繚子》

此書著錄於《郡齋讀書志》❷，為一卷，《讀書志》稱：「載早年喜談兵……此殆少作也。」今未見。

十二、《張橫渠崇文集》或作《張載崇文集》

此書著錄於《郡齋讀書志》❷與《國史經籍志》❷（作《張載崇文集》），皆作十卷。其內容不詳。今未見。

十三、《橫渠先生語錄》或作《張子語錄》、《橫渠語錄》

此書著錄於《郡齋讀書志》❷，作三卷，《直齋書錄解題》、《文獻通考》與《宋志》均不載。明代所編《張子全書》收入此書，但所收乃《語錄抄》而非全本。

㈠《諸儒鳴道集》本

《橫渠語錄》三卷，收入於宋代叢書《諸儒鳴道集》中，現藏上海圖書館。

㈡宋吳堅刻本❷

1.宋吳堅刻本

---

❷　卷 14。

❷　卷 19。

❷　卷 5。

❷　《附志》卷 5 下。

❷　據陳來所言，吳監乃「德祐年間人，後降元，在南宋之末，而此《鳴道集》本至遲在端平年，故《鳴道集》本遠較吳堅刻本為早」。見陳來《略論《諸儒鳴道集》》一文，《北京大學學報》，1986 年第 1 期，頁 30-38。

《張子語錄》三卷《後錄》二卷，一冊，十行十八字，白口，左右雙邊，有汲古閣、鐵琴銅劍樓藏印，現藏中國國家圖書館。清瞿鏞《鐵琴銅劍樓藏書目錄》**㉗** 所著錄者即為此本，曰：「不題名，亦無序跋。卷末有後學天臺吳堅刊於福建漕治二行。每半葉十行，行十八字。板心注字數及刊工人名。敦字闕筆，光宗後刻本也。」按光宗為 1190 至 1194 年，則此本為 1190 年以後所刻。

2. 《續古逸叢書》本

《張子語錄》三卷《後錄》二卷，收入於張元濟等所輯《續古逸叢書》，1928 年上海商務印書館據常熟瞿氏鐵琴銅劍樓所藏宋本影印。

3. 《四部叢刊續編》本

《張子語錄》三卷《後錄》二卷附《校勘記》一卷，校勘記為張元濟所撰，收入於上海商務印書館張元濟等所輯《四部叢刊續編》，1934 年據常熟瞿氏鐵琴銅劍樓所藏宋刊本影印。據張元濟所撰《跋》：「（宋代吳監刻本）是本卷上首葉缺前九行，舊藏汲古閣毛氏、藝芸書舍汪氏，迄鐵琴銅劍樓瞿氏，均未補得。余聞滂喜齋潘氏有宋《諸儒鳴道集》，因往假閱，則是書所缺九行，儼然具存，遂得影寫補足。《鳴道集》所收亦三卷，且序次悉合；間有異同，可互相是正。時刻《張子全書》第十二卷，有語錄抄，取以對勘，乃僅得六十七節，減於是本者，約三之二。然卷末有六節，為是本及《鳴道集》所無。意者，其明人增輯耶？」從中可知兩部宋刻本的情形，其與《張子全書·語錄抄》的比較，及《四部叢刊續

㉗　卷 13。

編》本的編輯經過。

十四、《雜述》

僅《宋志》❷著錄，為一卷，其內容不詳。今未見。

十五、《張載集》

僅《宋志》❷著錄，為十卷，其內容不詳。今未見。

十六、《張橫渠先生文集》或作《張橫渠文集》

此書不見於宋元目錄，現存最早為清代所刊。通行本有《叢書集成新編》第 74 冊，作《張橫渠集》。

㈠正誼堂全書本

1.清同治五年（1866）福州正誼書院刊八年至九年續刊本

《張橫渠先生文集》十二卷，收入於清代張伯行輯、楊浚重輯的《正誼堂全書》，清同治五年（1866）福州正誼書院刊八年至九年續刊本。此本傳本甚多，如藏於中國國家圖書館分館及北京大學圖書館等。又有同治中湘陰左氏增刻本，1968 年影，現藏日本京都大學人文科學研究所。

㈡1937 年周氏師古堂刻本

《張橫渠文集》一卷，為民國周馥節錄《宋五子節要》之其一，此書收入於周學熙所輯之《周氏師古堂所編書》，乃至德周氏

---

❷　卷 4。
❷　卷 7。

師古堂刊本。現藏上海圖書館等。

十七、《張子全書》

　　《張子全書》最早由何人所編，並不清楚。明嘉靖五年
（1526）呂柟編纂《張子抄釋》，序文云：「橫渠張子書甚多，今
其存者止《二銘》、《正蒙》、《理窟》、《語錄》及《文集》，
而《文集》又未完，止得二卷於三原馬伯循氏。」可見在當時還沒
有《張子全書》。《四庫全書總目》❸：「此本不知何人所編，題
曰《全書》。」故《張子全書》為何人所編？編於何時？皆為待解
之問題。

　　張岱年認為，《張子全書》為明代萬曆年間沈自彰所編纂，他
說：「清乾隆年間宋廷尊刊本《張子全書》卷首有宋廷尊《附記》
說：『張子撰著，明以前散見他書。萬曆中都門沈芳揚（芳揚，自
彰先生字也）守鳳翔，搜集為《全書》，說見原刻張某序中。』宋
氏所說，當有所據。今存萬曆刊本《張子全書》，有袁應泰序、張
能鱗序，都未談到這個問題。袁序中僅說：『郡伯沈公表彰理
學……為建橫渠書院，肖像以祀之，並刻其《全書》而屬序於
余。』順治刊本《張子全書》喻三畏序，有幾句話很值得注意。他
說：『遂求先生全集於文獻之家，而鄉先達果進予而言曰，先生著
作，雖傳今古遍天下，惟吾郡實為大備。前都門芳揚沈太公祖尊先
生教，搜索殆遍，壽之木以廣其傳，至今家絃戶誦，衍先生澤使之
靈長者，沈公力也。』根據喻三畏和宋廷尊的說法，我們可以斷

---

❸　卷92。

定：《張子全書》是明萬曆年間沈自彰編纂的。明末徐必達刻《張子全書》，是在沈自彰以後了。」**㉛**然而，經版本目驗及考證，張岱年之說並不正確，最早的版本應為明萬曆徐必達刻本。詳見下述。

(一)明萬曆三十四年（1606）徐必達刻本

　　1. 明萬曆三十四年（1606）徐必達刻本

　　《張子全書》十五卷，為明徐必達所輯《合刻周張兩先生全書》二十二卷之其一，《兩先生全書》一共四冊，十行二十字，白口，四周雙邊，現藏中國國家圖書館等。卷首有徐必達序，曰：「橫渠書甚多，今止得《二銘》、《正蒙》、《理窟》、《易說》，而《語錄》、《文集》則止得呂公栢所抄者。其散見《性理》、《近思錄》、《二程書》者，稍採補之，遺言則曰《拾遺》，遺書則曰《附錄》。掛一漏萬，不無望於後之君子。」可見《拾遺》與《附錄》乃徐必達所編，故可知《張子全書》乃徐必達所編，則張岱年以明萬曆四十六年（1618）沈自彰刻本為最早編纂的《張子全書》之說，是為誤也。此書一卷為《西銘》、《東銘》，《西銘》有朱熹注，二至三卷為《正蒙》，有高攀龍《集註》、徐必達《發明》，四至八卷為《經學理窟》，九至十一卷為《易說》，十二卷為《語錄抄》，十三卷為《文集抄》，十四卷為《拾遺》，十五卷為《附錄》。

　　2. 日本延寶三年（1675）京都田中長左衛門刊本

　　《張子全書》十五卷，明徐必達編，為《周張全書》二十二卷

㉛　見《關於張載的思想和著作》，收入於《張載集》，中華書局本。

之其一。十行二十字，白口，四周雙邊。此本乃據嘉興徐必達刊本重印，日本真祐訓點，今藏日本國會圖書館等。今有 1981 年中文出版社影印本。

(二)明萬曆四十六年（1618）鳳翔府沈自彰刻本

1.明萬曆四十六年（1618）鳳翔府沈自彰刻本

《張子全書》十五卷。陝西鳳翔府藏板。十行二十字，白口，四周雙邊，八冊，現藏中國國家圖書館。有袁應泰序（萬曆四十六年）、沈自彰張子二銘題辭、張能鱗序、張能鱗太極歌、宋史張子本傳、張能鱗讀明公緒言及天地之帥吾其性論。袁應泰序曰：「郡伯沈公表彰理學……為建橫渠書院，肖像以祀之，並刻其全書而屬序於余。」可見此本乃沈自彰初刻本。張岱年以此本為最早編纂之《張子全書》，然徐必達刻本為萬曆三十四年（1606），較此本為早，故張岱年說誤也。此本目次與徐必達本同，一卷為《西銘》、《東銘》，《西銘》有朱熹注，二至三卷為《正蒙》，四至八卷為《經學理窟》，九至十一卷為《易說》，十二卷為《語錄抄》，十三卷為《文集》，十四卷為《拾遺》，十五卷為《附錄》。

2.清順治十年（1653）喻三畏修補本

《張子全書》十五卷。現藏韓國國立中央圖書館。按清道光二十二年（1842）喻三畏順治癸巳（即順治十年，1653 年）序曰：「前都門芳揚沈太公祖尊先生教，搜索殆遍，壽之木以廣其傳，至今家絃戶誦，衍先生澤使之靈長者，沈公力也。惜兵火頻仍，災及棗梨，致殘及半矣。予聆之，惻然心惕，遂命取舊刻而序次之，果落遺者不僅數十葉也。……敬捐薄俸，爰命梓人補為完璧。」從序中可知此本乃以沈自彰本為底本。

3.清乾隆二十八年（1763）郿縣張明行修補本

《張子全書》十五卷。陝西郿縣故里藏板。十行二十字，白口，四周雙邊，六冊，現藏中國國家圖書館。卷二以下與沈自彰本同。此本乃以喻三畏本為底本。此本卷十四末有二十代裔張明行附記（乾隆二十八年），曰：「有明郡伯芳揚沈太公祖表章理學，既刻行周子全書矣，復念張子郡屬郿產也，則全書尤不可少。博採群書，搜索貽編，彙為全集，壽之木板，給裔世守。……明末兵火頻仍，災及棗梨，殘缺其半。順治癸巳秋，三韓喻老公祖聆之……損俸刻補，復成完璧……（今）取全刻而揀擇之果滅沒者，不僅數十葉，爰命梓人重加刊刻，敢自繼前沈喻二大人之有功乎。」此指沈自彰為全書之彙編者，而若以此為據，則有張岱年之說。然細考之，發現「全書為沈自彰所編」之說，最早乃見於沈自彰本之袁應泰序（1618），但其言「（沈氏）刻其全書」，並未明指全書乃沈氏所編。此後，清順治十年（1653）喻三畏修補本喻三畏序，有「前都門芳揚沈太公祖尊先生教，搜索殆遍，壽之木以廣其傳」之言，實乃據沈自彰本之袁應泰序而為言也，故並不可靠。此後又有清乾隆二十八年（1763）張明行本，有「芳揚沈太公祖表章理學……博採群書，搜索貽編，彙為全集，壽之木板」之語，但比對之下，此附記乃根據喻三畏修補本之喻三畏序而來，如「明末兵火頻仍，災及棗梨，殘缺其半」之語，究其實，亦層層相因之說法而已。又乾隆四十九年至五十年（1784-1785）臨潼橫渠書院宋廷尊刊本，宋廷尊附記曰：「張子撰著，明以前散見他書。萬曆中都門沈芳揚（芳揚，自彰先生字也）守鳳翔，搜集為全書，說見原刻張某序中。」此處所指「張某序」應為張明行序，而非張岱年所以為的張能鱗序。

總之，張岱年以喻三畏序、宋廷夢序斷定最早的《張子全書》為沈自彰所編纂而早於徐必達本，實為採自同一源流的說法。追究其根源，其實並未明確指明全書乃沈氏所編。因此，張岱年的結論並不可靠。

　　4.清嘉慶十一年（1806）郿縣葉世倬刊本

　　《張子全書》十五卷，清嘉慶十一年（1806）郿縣故里刊本，有葉世倬序：「張橫渠先生後裔，世居郿縣之槐芽鎮，有全集木刻藏於貢生景留家。嘉慶三年二月十八日，白蓮賊焚掠鎮上，家人驚避，瘞版地下，賊掘視之，且詈且擲，凡碎四十餘片，景留家赤貧，無力補刻，自是集非完書，流傳益鮮。今年三月四日，余代守岐陽，郡城東街舊有先生祠，下車次日往謁，詢得其情，隨檢所缺，亟付剞劂補之。」可知其刊刻經過乃是就舊版補全，至於舊版為何，應為郿縣張明行修補版。此本篇卷與沈自彰本同。現藏於上海圖書館等。

　　㈢清康熙五十八年（1719）朱軾刻本

　　1.清康熙五十八年（1719）朱軾刻本

　　《張子全書》十五卷，清朱軾、段志熙校。十行二十字，白口，左右雙邊，今藏中國國家圖書館分館。此本卷目與沈自彰本同，一卷為《西銘》，有朱熹注，附《西銘總論》，二至三卷為《正蒙》，四至八卷為《理窟》，九至十一卷為《易說》，十二卷為《語錄鈔》，十三卷為《文集》，十四卷為《拾遺》，十五卷為《附錄》。據朱軾序所記：「謁橫渠張子廟……博士繩武示余橫渠全集，且曰，是書多錯簡，欲重刻未逮也。……用校正而梓之，以成博士志焉。」從序中可知，此本乃朱軾謁橫渠張子廟而見其全

集。按張子廟即橫渠祠，位於郿縣，而郿縣為陝西鳳翔府所轄❸，故推知此本乃以鳳翔府沈自彰本為底本。

　　2.《朱文端公藏書》本

　　《張子全書》十五卷，清朱軾、段志熙校，收入朱軾所輯《朱文端公藏書》。曾刊行兩次：一為乾隆二年（1737）刊本，現藏中國國家圖書館及北京大學圖書館等；二為光緒二十三年（1897）朱衡等重刊本，現藏中國國家圖書館及北京大學圖書館等。九行二十一字，四周單邊，白口。

　　3.清乾隆三十八年（1773）敕輯《四庫全書》本

　　《張子全書》十四卷《附錄》一卷，收入於《四庫全書》，清乾隆三十八年（1773）敕輯。前有朱軾序，可知乃以朱軾刻本為底本。

　　4.清光緒三年（1877）夔州李氏刊本

　　《張子全書》十五卷，清朱軾評點，清光緒三年（1877）夔州李氏刊本。今藏南京圖書館等。收入於清洪汝奎所輯《洪氏唐石經館叢書》之中。

　　5.清光緒十七年（1891）《西京清麓叢書》本

　　《張子全書》十五卷，附《張子年譜》一卷，年譜為清武澄所撰，清光緒十七年（1891）刊本，收入清賀瑞麟所輯《西京清麓叢書》，清同治至民國間傳經堂刊本。此本今藏北京大學圖書館等。十行二十字，黑口，四周雙邊。有賀瑞麟序（光緒庚寅）及朱軾序（康熙五十八年）。此本卷目同於朱軾本，卷十五增有宋史本傳及武

---

❸　參見《臨潼縣志》，康熙刻本，及《郿縣志》乾隆四十三年重纂。

澄所編年譜。賀瑞麟序曰：「至高安朱氏本，亦文端公軾視學關中時所刊者也。此本較諸本為善，惜公載板以去，而關中亦不見是本。余曰，從高安十三種中得見此書……命諸生詳加讎校，使傳經堂重鋟諸木，譌字悉已改正。」可見其版本源流。

6.中華書局所輯《四部備要》本

《張子全書》十五卷，收入中華書局所輯《四部備要》，1912年影印本，1912年鉛印本，1936年鉛印本。

㈣乾隆四十九年至五十年（1784-1785）臨潼橫渠書院宋廷尊刊本

1.乾隆四十九年至五十年（1784-1785）臨潼宋廷尊刊本

《張子全書》十五卷，乾隆四十九年（1784）臨潼橫渠書院重刊本，八冊，九行二十字，白口，左右雙邊，現藏北京大學圖書館。此本由臨潼書院肄業之宋廷尊所刊，刊刻未竟而逝，餘留的餘錄一卷則由其子宋永清所續刊完成，並依宋廷尊之願將書板存於臨潼橫渠書院，以便後人重刻。按，此臨潼橫渠書院與明代鳳翔府橫渠書院並非同一個書院，據此書首宋廷尊序可知，西安府臨潼橫渠書院乃由趙香坡所創，而鳳翔府橫渠書院（即橫渠祠）則為沈自彰所建。此本有王巡泰序、宋廷尊序、沈自彰張子二銘題辭及宋廷尊附記，附記曰：「張子撰著，明以前散見他書。萬曆中都門沈芳揚（芳揚，自彰先生字也）守鳳翔，搜集為全書，說見原刻張某序中。」（此張某乃指張明行）。此本乃以沈自彰本為底本。一卷為西銘東銘，西銘有朱熹注，二至三卷為正蒙，四至八卷為經學理窟，九至十一卷為易說，十二卷為語錄抄，十三卷為拾遺，十四卷為文集，十五卷為餘錄（張子餘錄、張子軼事、諸儒論張子），後有呂大臨行狀，程中麟跋。

2. 光緒九年（1883）補刻本

光緒九年（1883）補刻，現藏北京師範大學圖書館。

(五)清道光二十二年（1842）橫渠祠張連科刊本

1. 清道光二十二年（1842）橫渠祠張連科刊本

《張子全書》十四卷及卷首一卷，清道光二十二年（1842）重刊本。十行二十四字，白口，四周雙邊，八冊。現藏中國國家圖書館及北京大學圖書館。此本乃以郿縣張明行本為底本重編，因卷一末有「二十世孫明行謹錄」字樣。此本由張載二十二世孫張連科所刊，並請武澄校輯，刊刻後書板藏於橫渠祠。據此本武澄序曰：「太守豫星階先生……過橫渠祠，見其廢圮，慨焉傷之，乃延鄭冶亭、李靜庵諸名士建議重修，……越王寅春，澄假館祠內，賢裔張君連科謂澄曰，祠宇者，所以妥橫渠之神，全書者，所以載橫渠之道也，今將殺青重刊，子盍為我校之。……因竭數月之功，與李靜庵同年讎校商訂，訖九月告成。」可知刊刻經過。此本分別以金、石、絲、竹、匏、土、革、木為八冊之名，是其特殊之處。有方用儀序、梁瀚序、豫泰序、武澄序，除武澄序為道光二十二年外，其餘皆為道光二十三年。其後有司馬光題詞、朱熹像贊、宋史張子列傳、呂大臨行狀、武澄張子年譜、凡例、舊刻諸本、校刻姓氏。卷目方面，一卷為《西銘》、《東銘》，《西銘》有朱熹注及武澄所輯《西銘綱領》并武澄《按語》，《東銘》有張明行所錄沈毅齋《補注》及武澄《按語》，二至三卷為《正蒙》，有武澄所輯《正蒙綱領》，四至八卷為《經學理窟》，九至十一卷為《易說》，十二卷為《語錄》，十三卷為《文集》，十四卷為《附錄》。梁瀚序曰：「奈舊本流傳日久，漸近磨滅，岐邑武子仙同年重為刊訂，細

加讎校，疑者析之，遺者補之，差參者考證之，散漫者彙輯之，且據宋史、綱目暨先生行狀諸書撮其生平，續為年譜。」

2.清同治九年（1870）鳳翔郡橫渠祠張述銘重刊本

《張子全書》十五卷，清同治九年（1870）張述銘重刊本，鳳郡祠內藏板。十行二十四字，白口，四周雙邊，八冊。現藏中國國家圖書館分館及北京大學圖書館。此本乃據道光二十二年（1842）橫渠祠張連科刊本的書版上所刷印的。有李慎序（同治九年，1870）、武澄序（道光二十二年，1842）、豫泰序（道光二十三年，1843）、方用儀序（道光二十三年）、梁瀚序（道光二十三年）、沈兆霖序（道光二十三年）、葉世倬識（嘉慶十一年，1806）、李月桂序（康熙元年，1662）、喻三畏序（順治十年，1653）、袁應泰序（萬曆四十六年，1618）、張能鱗序、沈自彰張子二銘題辭，除李慎序所記為此本刊刻原委及武澄等序為此本所據底本之序外，其餘皆取自其他刻本，如袁應泰序及沈自彰識乃取自鳳翔初刻本（1618），喻三畏序乃取自鳳翔重刻本（1653），李月桂序乃取自郿縣初刻本（1662），葉世倬序乃取自郿縣重刻本（1806）。此本在卷目上，較張連科本略有改動，一卷為《西》、《東》二銘，《西銘》有朱熹注而刪武澄所輯《西銘綱領》及武澄《按語》，末有張明行錄沈毅齋《補注》，二至三卷為《正蒙》，無武澄所輯《正蒙綱領》，四至八卷為《經學理窟》，九至十一卷為《易說》，十二卷為《語錄》，十三卷為《文集》，十四卷為《拾遺》，十五卷為《附錄》、《緒言》（讀明公緒言、天地之帥吾其性論、論定性書、太極歌，皆張能鱗所撰）及《年譜》，有羅贇《跋》。李慎同治九年（1870 年），曰：「拜謁祠下……從守祠張生述銘求全書之所在。張生曰，……道光

初，郡中有新鈔本，第不敢出以示人……是書之刊也，彼時岐邑明經武子鮮名澄者，實任校讎事，於語錄、附錄諸卷多所移置，且補著《張子年譜》而參以己議，謂井田不可復行，於是是書出而讀者嘩然，是以不敢復示人。……乃屬張生，將所移易者重輯如舊，商之羅誠茲明府驥，共捐資而補刻之。以武生所編年譜，刪其繁冗附於後，以不沒其勤。」可知其刊刻經過。

以上為《張子全書》各版本的考察。其版本源流圖示如下：

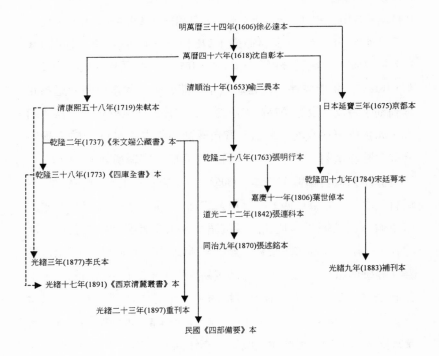

明萬曆三十四年(1606)徐必達本

萬曆四十六年(1618)沈自彰本

清順治十年(1653)喻三畏本

清康熙五十八年(1719)朱軾本

日本延寶三年(1675)京都本

乾隆二年(1737)《朱文端公藏書》本

乾隆二十八年(1763)張明行本

乾隆四十九年(1784)宋廷蕚本

乾隆三十八年(1773)《四庫全書》本

嘉慶十一年(1806)葉世倬本

道光二十二年(1842)張連科本

同治九年(1870)張述銘本

光緒三年(1877)李氏本

光緒九年(1883)補刊本

光緒十七年(1891)《西京清麓叢書》本

光緒二十三年(1897)重刊本

民國《四部備要》本

此書雖名為全書，然實為未全，如《四庫提要》❸：「考載所著書見於《宋史藝文志》者，有《易說》三卷❹、《正蒙》十卷、《經學理窟》十卷❺、《文集》十卷。……此本不知何人所編，題曰《全書》，而止有《西銘》一卷、《正蒙》二卷、《經學理窟》五卷、《易說》三卷、《語錄鈔》一卷、《文集鈔》一卷、又《拾遺》一卷，又採宋元諸儒所論及《行狀》等作為《附錄》一卷，共十五卷。自《易說》、《西銘》以外，與史志卷數皆不相符，又《語錄》、《文集》皆稱曰鈔，尤灼然非其完帙，蓋後人選錄之本，名以全書，殊為乖舛。」《張子全書》的缺失在於《語錄鈔》與《文集鈔》皆為「鈔」而非全本，故《四庫提要》批評「名以全書，殊為乖舛」。1978 年北京中華書局出版點校本《張載集》，是在《張子全書》的基礎上進行補充與校勘❻，是目前張載著作最完整的本子。

---

❸　卷 92。

❹　按《宋志》所記為十卷，《提要》有誤。

❺　按《宋志》所記為三卷，《提要》有誤。

❻　《張載集》，章錫琛點校，1978 年，北京中華書局排印本，列於《理學叢書》。據其「編校說明」，此本的篇卷編排在《張子全書》的基礎上做了調整，《張子全書》的卷目為：「《西銘》一卷、《正蒙》二卷、《經學理窟》五卷、《易說》三卷、《語錄鈔》一卷、《文集鈔》一卷、又《拾遺》一卷，又採宋元諸儒所論及《行狀》等作為《附錄》一卷。」此本則將《西銘》歸於《正蒙》，並刪去朱熹注；將《易說》列於其後，並改回宋代目錄所稱《橫渠易說》之名；其後為《經學理窟》；再次則為《語錄》，由於全書本的《語錄》部分乃沿用呂柟《抄釋》，並非完整，故改以宋福建漕治刻本《語錄》為底本，要比《抄釋》內容多出三分之二，但《抄釋》最後七條為福建本所無，因此將此七條列於《語錄》附

綜合上述，張載著作的古代版本今存的有：《橫渠易說》、《經學理窟》、《正蒙》、《西銘》、《張子語錄》、《張橫渠先生文集》與《張子全書》。已佚或不詳的有：《詩說》、《橫渠張氏祭禮》、《禮記說》、《橫渠春秋說》、《橫渠孟子解》、《信聞記》、《張橫渠注尉繚子》、《張橫渠崇文集》、《雜述》與《張載集》。

錄，並作說明；《文集》部分則又據呂祖謙《宋文鑑》補入四篇，並改稱《文集佚存》；《附錄》部分除原有的之外，還加上各本序文。此本以明萬曆四十八年沈自彰鳳翔府《張子全書》官刻本清初翻刻本為底本，用郿縣本、朱軾刻本、正誼堂叢書本及《張子抄釋》等互校，同時以宋呂祖謙《周易繫辭精義》（《古逸叢書》本）所集張載說以為參校，書中各篇文字也作了內校。

附錄二　　《正蒙》注本考

一、現存有關《正蒙》注釋

1. 《西銘解》一卷、《正蒙諸解》一卷

宋朱熹撰。收入元黃瑞節所輯《朱子成書》，元至正元年（1341）日新書堂刻本，現藏臺灣故宮博物院。《西銘解》一卷後收入清康熙刊本《朱子三書》，現藏中國國家圖書館，通行本為《續百子全書》第 5 冊影印《朱子三書》本。《西銘解》還被收入清光緒十一年（1885）傳經堂《朱子五書》本，現藏北京大學圖書館等。又《張子全書》朱軾本有朱熹注，通行本有《四部備要》本。

2. 《正蒙會稿》四卷

明劉璣撰。此書的版本有：一為明正德十五年（1520）祝壽、武雷等刻本，現藏中國國家圖書館等；二為明嘉靖十一年（1532）刊本，現藏美國普林斯頓大學圖書館；三為收入於明刻《性理諸家解》，現藏浙江圖書館；四為收入於清李錫齡所輯《惜陰軒叢書》，刊印數次，有道光二十六年（1846）李錫齡校刊本，續編咸豐八年序刊本，現藏中國國家圖書館等，光緒二十二年長沙刊本，藏北京大學圖書館等，光緒三十二年吳縣朱氏刊本，現藏臺灣故宮博物院。現今通行本有《叢書集成新編》第 22 冊。

3. 《新刊正蒙解》四卷

明劉儓撰。明嘉靖二十五年（1546）刻本，現藏上海圖書館。通行本有《續修四庫全書》第 934 冊。

4. 《正蒙釋》四卷

明高攀龍集註，明徐必達發明。明萬曆刻本，現藏上海圖書館等。通行本有《四庫全書存目叢書》子部儒家類第 1 冊。另有一清初平江蔡氏刻本，現藏中國國家圖書館。又《張子全書》徐必達本有《正蒙》高攀龍集註、徐必達發明。

5. 《西銘述解》一卷

明曹端撰。此書收入於乾隆間《四庫全書》；民國馬浮所輯《復性書院叢刊》亦錄此書，民國二十九年（1940）刊，現藏中國國家圖書館等；又收入於馬浮所編《儒林典要》第一輯，民國二十九年至三十年四川嘉定復性書院刊本，現藏廣東省中山圖書館。通行本有《四庫全書》第 697 冊。

6. 《張子鈔釋》六卷

明呂柟撰。此書為呂柟所撰《宋四子鈔釋》二十一卷之一部分。此書的版本有：一為明嘉靖五年（1526）解梁書院刻本，名為《橫渠張子釋》六卷，現藏重慶市圖書館；二為明嘉靖八年（1529）江都葛澗刻本，名為《橫渠張子釋》六卷，六冊，現藏臺灣國家圖書館，此本於嘉靖四十四年（1565）重刊，後縮印收入民國六十七年（1978）蕭天石等所輯《中國子學名著集成珍本初編》第 34 冊；三為明嘉靖十六年（1537）汪克儉刻本，名為《橫渠張子抄釋》六卷，現藏中國國家圖書館；四為清乾隆間《四庫全書》本；五為收入於清李錫齡所輯《惜陰軒叢書》，刊印數次，有道光

二十六年（1846）李錫齡校刊續編咸豐八年刊本，現藏中國國家圖書館等，光緒二十二年長沙刊本，藏北京大學圖書館等，光緒三十二年吳縣朱氏刊本，現藏臺灣故宮博物院。今通行本有《四庫全書》第 715 冊及《叢書集成新編》第 21 冊。

7.《正蒙拾遺》一卷

明韓邦奇撰。收入於《性理三解》叢書，清乾隆（1736 年）刻本，現藏中國國家圖書館。

8.《張子正蒙注》九卷

清王夫之撰。此書版本有：清王敔纂注《王船山先生書集》本，清康熙四十八年（1709）湘西草堂刻本，現藏湖南省哲學社會科學研究所；清同治四年（1865）湘鄉曾國荃金陵刊《船山遺書》本，後增改為《全書》，光緒十三年（1887 年）重印。今有 1992 年嶽麓書社點校本《船山全書》第 12 冊，1956 年北京古籍出版社章錫琛點校本，1975 中華書局排印本，及《續修四庫全書》第 945 冊。

9.《正蒙補訓》四卷

清冉覲祖撰。清康熙四十一年（1702）刻本，現藏北京大學圖書館。

10.《張子正蒙》不分卷

清張棠、周芳同注。康熙四十六年（1707）序刊本，寶翰堂藏板，現藏日本高知大學圖書館。

11.《正蒙注》或《正蒙注解》或《註解正蒙》二卷

清李光地撰。此書版本有：一為清乾隆元年（1736）李清植刊嘉慶六年（1801）補刊《李文貞公全集》本，書名為《正蒙注》二

卷，現藏上海圖書館等；二為清乾隆年間（1736-1795）《榕村十二種》本，書名為《正蒙》二卷，現藏湖北省圖書館；三為清乾隆間《四庫全書》本，書名為《注解正蒙》二卷；四為清道光九年（1829）玄孫李維迪《榕村全書》本，書名為《正蒙注》二卷，有補鈔，現藏中國國家圖書館及北京大學圖書館等；五為民國三十年（1941）馬浮《復性書院叢刊》排印本，現藏中國國家圖書館等，又有民國二十九年至三十年馬浮《儒林典要》第一輯，四川嘉定復性書院刊本，現藏廣東省中山圖書館。通行本為《四庫全書》本第697冊。

12.《濂洛關閩書》十九卷之《張子》一卷

清張伯行撰。此書版本有清康熙四十八年（1709）《正誼堂全書》本，後又有光緒六年（1880）雲南書局《正誼堂全書》本。通行本有《四庫全書存目叢書》子部儒家類第 24 冊，及《叢書集成新編》第 21 冊。

13.《正蒙初義》十七卷

清王植撰。此書版本有：一為清乾隆七年（1742）崇德堂刻本，現藏清華大學圖書館；二為乾隆間《四庫全書》本。通行本有《四庫全書》本第 697 冊。

14.《濂關三書》

清王植撰。此書的版本有清雍正元年（1723）本。通行本有《四庫全書存目叢書》子部儒家類第 2 冊。

15.《正蒙集說》十七卷

清楊方達撰。此書版本有：清雍正乾隆間（1723-1795）武進楊氏復初堂《楊符蒼七種》刻本，現藏上海圖書館；另有乾隆五年

（1740）復初堂刻本，現藏清華大學圖書館等。通行本有《續修四庫全書》第 951 冊。

16.《西銘約說》一卷

清囂囂子撰。清乾隆桂花書屋囂囂子四種刻本，現藏上海圖書館。

17.《西銘續生篇》不分卷

清雷于霖撰。收入於清李元春所編《青照堂叢書摘》，清道光間（1821-1850）朝邑劉氏刻本，現藏四川省圖書館。

18.《張子正蒙釋要》

清李元春撰。清道光十年（1830）《關中道脈四種書》刊本，現藏中國國家圖書館等。

19.《西銘講義》一卷

清羅澤南撰。此書版本有：一為清咸豐同治間（1857）《羅忠節工遺集》（一名《羅山遺集》）刊本，現藏中國國家圖書館及北京大學圖書館等；二為清賀瑞麟所輯《西京清麓叢書》同治至民國間傳經堂刊本，取光緒十七年（1891）柏經正堂刊本，現藏北京師範大學圖書館；另還有抄本一冊，現藏北京大學圖書館。

20.《正蒙軌物口義》不分卷

清陳廣敷等撰。清光緒八年（1882）伍肇齡成都《陳氏叢書》刻本，現藏中國國家圖書館。

21.《西銘答問》一卷

清施璜撰。收入於《閑關錄》，現藏中國國家圖書館。

22.《正蒙分目解按》一卷

清方潛撰。清光緒十五年（1889）方敦吉濟南《毋不敬齋全

書》本，現藏中國國家圖書館及北京大學圖書館等。

　　23.《張子大義》四卷

　　　民國唐文治撰。民國《性理學大義》排印本，無錫國學專修館出版，現藏中國國家圖書館等。

　　24.《西銘考證講義》

　　　韓國李滉撰。日本江戶刊本，現藏日本內閣文庫。

二、已佚或未見的《正蒙》注本

　　25.《正蒙句解》二卷

　　　宋熊禾撰。著錄於《宋志補》。

　　26.《東西銘解》一卷

　　　宋祝禹圭撰。著錄於《宋志》。

　　27.《西銘集解》一卷

　　　趙師俠集呂大臨、胡安國、張九成、朱熹四家之說為一編，刻之興化軍。著錄於《直齋書錄解題》及焦竑《國史經籍志》。

　　28.《通書西銘集解》三卷

　　　王夢龍慶翔所集。著錄於《直齋書錄解題》。

　　29.《二十先生西銘解義》一卷

　　　程顥、程頤、呂大防、呂大臨、楊時、游酢、尹焞、劉安節、鮑若雨、李朴、張九成、胡銓、許景衡、郭雍、謝諤、劉清之、張維、祝禹圭、錢聞詩、張栻，解橫渠先生《西銘》之義也。著錄於《郡齋讀書志》。

　　30.《西銘補注》一卷

　　　元程時登撰。著錄於《千頃目》、《補遼金元志》、《補元

志》。

31. 《性理正蒙分節解》十七卷

　　許珍撰。著錄於《補遼金元志》。

32. 《補正蒙解》

　　元鄭原善撰。著錄於《補元志》。

33. 《正蒙疑解》

　　元沈貴珤撰。著錄於《千頃目》、《補遼金元志》。

34. 《正蒙述解》

　　明朱謐撰。著錄於《千頃目》。

35. 《正蒙直解》

　　明王啟撰。著錄於《千頃目》。

36. 《正蒙通義》

　　明朱得之撰。著錄於《千頃目》。

37. 《正蒙集解》

　　明余本撰。著錄於《千頃目》。

38. 《正蒙發微》

　　明倪復撰。著錄於《千頃目》。

39. 《續正蒙發微》二卷

　　明童品撰。著錄於《千頃目》。

40. 《西銘旁通》一卷

　　明楊廉撰。著錄於《千頃目》。

41. 《西銘解》

　　明成勇撰。著錄於《千頃目》。

42. 《西銘通》

明張志淳撰。著錄於《千頃目》。

43.《正蒙章句》

明徐師曾撰。著錄於《千頃目》。

44.《西銘解義》一冊

著錄於楊士奇《文淵閣書目》及葉盛《菉竹堂書目》。

45.《西銘綱領》一冊

著錄於楊士奇《文淵閣書目》及葉盛《菉竹堂書目》。

46.《西銘發揮綱領》一冊

著錄於楊士奇《文淵閣書目》及葉盛《菉竹堂書目》。

47.《正蒙集解》九卷

清李文炤撰。《四庫存目》著錄。今未見。

48.《西銘解拾遺》一卷、《後錄》一卷

清李文炤撰。按《四庫存目》著錄，與其《太極解拾遺》、《通書解拾遺》、《通書解拾遺後錄》併。今未見。

49.《西銘集釋》一卷

清王植撰。著錄於《清史志》。

參考文獻

一、古籍、書目

（按在各章中出現的先後次序排列）

《張載集》，（宋）張載撰，章錫琛點校，北京，中華書局，1978年

《張子年譜》，（清）武澄編，《北京圖書館藏珍本年譜叢刊》，北京圖書館出版社，1999年

《三朝名臣言行錄》，（宋）朱熹撰，《四部叢刊初編》本

《張子全書》，（宋）張載撰，《四部備要》本

《張子正蒙注》，（宋）張載撰，（清）王夫之注，北京，中華書局，1975年

《宋元學案》，（清）黃宗羲撰，（清）全祖望補修，北京，中華書局，1986年

《河南邵氏聞見前錄》，（宋）邵伯溫撰，《叢書集成新編》，1984年

《二程全書》，（宋）程顥、程頤撰，《四部備要》本

《楊龜山集》，（宋）楊時撰，《叢書集成新編》，1984年

《宋史》，（元）脫脫等撰，北京，中華書局，1977年

《藍田呂氏遺著輯校》，（宋）呂大臨等撰，陳俊民輯校，北京，中華書局，1993年

《四庫全書總目》，（清）紀昀等纂，北京，中華書局，1995年

《宋朝諸臣奏議》，（宋）趙汝愚編，上海古籍出版社，1999 年

《李覯集》，（宋）李覯撰，北京，中華書局，1981 年

《盱江集》，（宋）李覯撰，《四庫全書》本

《箋註王荊文公詩》，（宋）王安石撰，李雁湖箋注，劉須溪評
　　點，臺北，廣文書局，1971 年

《司馬氏書儀》，（宋）司馬光撰，《叢書集成新編》，1984 年

《全宋文》，四川大學古籍整理研究所編，巴蜀書社，1992 年

《容齋隨筆》，（宋）洪邁撰，上海古籍出版社，1993 年

《古今事文類聚前集》，（宋）祝穆編，《四庫全書》本

《習學記言序目》，（宋）葉適撰，《四庫全書》本

《郡齋讀書志》，（宋）晁公武纂，趙希弁《附志》，《中國歷代
　　書目叢刊》，1987 年

《宋史藝文志》，（元）脫脫等纂，上海商務印書館，1957 年

《文獻通考》，（元）馬端臨撰，浙江古籍出版社，2000 年

《直齋書錄解題》，（宋）陳振孫纂，《中國歷代書目叢刊》，
　　1987 年

《遂初堂書目》，（宋）尤袤纂，《中國歷代書目叢刊》，1987 年

《國史經籍志》，（明）焦竑纂，《叢書集成新編》，1984 年

《經義考》，（清）朱彝尊纂，北京，中華書局，1998 年

《文淵閣書目》，（明）楊士奇等纂，《叢書集成新編》，1984 年

《鐵琴銅劍樓藏書目錄》，（清）瞿鏞纂，北京，中華書局，1990年

《現存宋人著述目略》，臺北，中央圖書館編，1971 年

《中國歷代藝文總志》，臺北，中央圖書館編，1986 年

《中國古籍善本書目》，上海古籍出版社，1998 年

《北京圖書館古籍善本書目》，北京圖書館編，北京，書目文獻出版社，1988 年

《北京圖書館普通古籍總目》，北京圖書館編，北京，書目文獻出版社，1994 年

《國立故宮博物院善本舊籍總目》，臺北，故宮博物院編，1983 年

《北京大學圖書館藏古籍善本書目》，北京大學圖書館編，北京大學出版社，1999 年

《中國叢書綜錄》，上海圖書館編，上海，中華書局，1959 年

《中國叢書廣錄》，陽海清編撰，陳彰璜參編，湖北人民出版社，1994 年

《國立國會圖書館漢籍目錄》，日本國立國會圖書館編，東京，紀伊國屋書店，1987 年

《正蒙會稿》，（明）劉璣撰，《叢書集成新編》，1984 年

《濂洛關閩書》，（清）張伯行撰，《叢書集成新編》，1984 年

《大易粹言》，（宋）曾樬編，《四庫全書》本

《周易繫辭精義》，（宋）呂祖謙編，《古逸叢書》本

《增訂四庫簡明目錄標注》，（清）邵懿辰撰，邵章續錄，北京，中華書局，1959 年

《歐陽文忠集》，（宋）歐陽修撰，《四部備要》本

《周易正義》，（魏）王弼、韓康伯注，（唐）孔穎達等正義，《十三經注疏》，（清）阮元校刻，浙江古籍出版社，1998 年

《周易集解》，（唐）李鼎祚撰，《四庫全書》本

《老子》，《百子全書》，1991 年

《毛詩正義》，（漢）毛亨傳，鄭玄箋，（唐）孔穎達等正義，

《十三經注疏》，（清）阮元校刻，浙江古籍出版社，1998 年

《禮記正義》，（漢）鄭玄注，（唐）孔穎達等正義，《十三經注疏》，（清）阮元校刻，浙江古籍出版社，1998 年

《論語注疏》，（魏）何晏等注，（宋）邢昺疏，《十三經注疏》，（清）阮元校刻，浙江古籍出版社，1998 年

《周易略例》，（魏）王弼撰，臺北，大安出版社，1999 年

《尚書正義》，（漢）孔安國傳，（唐）孔穎達等正義，《十三經注疏》，（清）阮元校刻，浙江古籍出版社，1998 年

《孟子注疏》，（漢）趙岐注，（宋）孫奭疏，《十三經注疏》，（清）阮元校刻，浙江古籍出版社，1998 年

《讀通鑑論》，（清）王夫之撰，北京，中華書局，1998 年

《漢書》，（漢）班固撰，北京，中華書局，1962 年

《莊子》，《百子全書》，1991 年

《太玄經》，（漢）揚雄撰，《四部備要》本

《朱熹集》，（宋）朱熹撰，郭齊、尹波點校，四川教育出版社，1996 年

《經學歷史》，（清）皮錫瑞撰，北京，中華書局，1961 年

《明儒學案》，（清）黃宗羲撰，《四部備要》本

《朱子語類》，（宋）朱熹撰，（宋）黎靖德編，臺北，正中書局，1970 年

《近思錄》，（宋）朱熹撰，（清）張伯行集解，臺灣商務印書館，1976 年

《正蒙初義》，（清）王植撰，《四庫全書》本

《論衡》，（漢）王充撰，《四部備要》本

《荀子》，《叢書集成新編》，1984 年

《春秋繁露》，（漢）董仲舒撰，《叢書集成新編》，1984 年

《法言》，（漢）揚雄撰，《百子全書》，1991 年

《周子通書》，（宋）周敦頤撰，上海古籍出版社，2000 年

《經學通論》，（清）皮錫瑞撰，北京，中華書局，1998 年

《儒志編》，（宋）王開祖撰，《四庫全書》本

《臨川文集》，（宋）王安石撰，《四庫全書》本

《東坡集》，（宋）蘇軾撰，《四部備要》本

《欒城集》，（宋）蘇轍撰，《四庫全書》本

《周禮注疏》，（漢）鄭玄注，（唐）賈公彥疏，《十三經注
　　疏》，（清）阮元校刻，浙江古籍出版社，1998 年

《禮記集解》，（清）孫希旦撰，北京，中華書局，1989 年

《周易本義》，（宋）朱熹撰，臺北，大安出版社，1999 年

二、今人研究著作

（按姓氏拼音排列）

陳俊民《張載哲學思想及關學學派》，北京，人民出版社，1986 年

陳來《略論《諸儒鳴道集》》，《北京大學學報（哲學社會科學
　　版）》，1986 年第 1 期，頁 30-38

——《宋明理學》，遼寧教育出版社，1992 年

陳立驤《張載天道論性格之衡定》，《鵝湖》第 26 卷第 11 期，
　　2001 年，頁 44-53

陳正榮《張載易學之研究》，《臺灣師大國文集刊》第 24 期，
　　1980 年，頁 159-223

程宜山《張載哲學的系統分析》，上海，學林出版社，1989 年

丁為祥《虛氣相即──張載哲學體系及其定位》，北京，人民出版
　　社，2000 年

───《張載人性論溯源》，《鵝湖》第 26 卷第 11 期，2001 年，
　　頁 36-43

馮友蘭《中國哲學史》，上海，神州國光社，1931 年

───《張載的哲學思想及其在道學中的地位》，《中國哲學》第
　　5 輯，頁 72-99

───《略論道學的特點、名稱和性質》，《論宋明理學──宋明
　　理學討論會論文集》，浙江人民出版社，1983 年

高亨《周易大傳今注》，齊魯書社，1983 年

龔杰《張載評傳》，南京大學出版社，1996 年

──《張載的「四書學」》，《哲學與文化》第 24 卷第 10 期，
　　1997 年

侯外廬、邱漢生、張豈之主編《宋明理學史》上下卷，北京，人民
　　出版社，1984 年

胡元玲《朱熹思想中「存天理去人欲」之研究》，《臺灣師範大學
　　國文研究所集刊》第 46 期，2000 年 6 月，頁 179-266

───《宋代理學體用論探討》，《中國文化月刊》第 263 期，
　　2002 年 2 月，頁 18-37

黃敏枝《宋代佛教社會經濟史論集》，臺灣學生書局，1989 年

黃秀璣《張載》，臺北，東大圖書公司，1987 年

姜廣輝《宋代道學定名緣起》，《中國哲學》第 15 輯，1992 年，
　　頁 240-246

姜國柱《張載的哲學思想》，遼寧人民出版社，1982 年

───《張載關學》，陝西人民出版社，2001 年

金景芳《學易四種》，吉林文史出版社，1987 年

牟宗三《心體與性體》，臺北，正中書局，1968 年

彭文林《張橫渠闢佛的氣化論》，《文史哲學報》第 45 期，1996 年，頁 153-171

錢穆《宋明理學概述》，《錢賓四先生全集》，臺北，聯經出版社，1994 年

──《朱子新學案》，《錢賓四先生全集》，臺北，聯經出版社，1994 年

──《經學大要》，《錢賓四先生全集》，臺北，聯經出版社，1998 年

邱漢生《宋明理學與宗法思想》，《歷史研究》1979 年，第 11 期

山田慶兒《古代東亞哲學與科技文化──山田慶兒論文集》，遼寧教育出版社，1996 年

唐君毅《中國哲學原論·原教篇──宋明儒學思想之發展》，香港，新亞研究所，1975 年

湯用彤《隋唐佛教史稿》，北京，中華書局，1982 年

陶希聖《北宋幾個大思想家的井田論》，《宋史研究集》第 1 輯，臺北，中華叢書委員會，1958 年

王基西《北宋易學考》，《臺灣師大國文集刊》第 23 期，1979 年，頁 119-224

王利民《論張載之學是易學──與龔傑先生商榷》，《周易研究》2000 年第 1 期

吳萬居《宋代三禮學研究》，臺北，國立編譯館，1999 年

徐儀明《張載與古代天文學》，《河南大學學報》2000 年第 1 期

徐志銳《張載易學研究》，《周易研究》第 1 期，1988 年

熊十力《讀經示要》，臺北，明文書局，1987 年

楊儒賓《氣質之性的問題》，《臺大中文學報》第 8 期，1996
　　年，頁 41-103

葉國良《宋人疑經改經考》，《國立臺灣大學文史叢刊》，1980 年

一弓《宋代宇宙論的發展》，《史學月刊》，1988 年，第 61 期，
　　頁 96-98

顏淑君《論張載之禮學思想》，《孔孟學報》第 72 期，1996 年，
　　頁 175-198

余敦康《內聖外王的貫通——北宋易學的現代闡釋》，上海學林出
　　版社，1997 年

喻博文《正蒙注譯》，蘭州大學出版社，1990 年 4 月

———《評橫渠易理》，《中國哲學史研究》，1984 年，第 4 期

張岱年《張橫渠的哲學》，《哲學研究》第 1 期，1955 年，頁
　　110-130

———《張載——十一世紀中國唯物主義哲學家》，湖北人民出版
　　社，1956 年

———《論宋明理學的基本性質》，《張岱年全集》第五卷，河北
　　人民出版社，1996 年

張亨《張載「太虛即氣」疏釋》，《臺大中文學報》第 3 期，1989
　　年，頁 55-97

張立文《宋明理學研究》，北京，中國人民大學出版社，1985 年

———《宋明理學邏輯結構的演化》，臺北，萬卷樓圖書有限公司，1993 年

———《氣》，北京，中國人民大學出版社，1996 年

周予同《周予同經學史論著選集》，上海人民出版社，1996 年

朱伯崑《易學哲學史》（第一卷、第二卷），北京，華夏出版社，1995 年

朱建民《張載思想研究》，臺北，文津出版社，1989 年

（日文著作）

菰口治《正蒙的構成與易說——其文獻學的考察》，《集刊東洋學》第 12 期，1964 年

（英文著作）

Chow, Kai-Wing. "Ritual, Cosmology, and Ontology: Chang Tsai's Moral Philosophy and Neo-Confucian Ethics." *Philosophy East and West* 43, no.2, April 1993, pp. 201-228.

Ebrey, Patricia B. "Conceptions of the Family in the Sung Dynasty." *Journal of Asian Studies* 43, 1984, pp. 219-245.

------. "The Early Stages in the Development of Descent Group Organization." in *Kinship Organization in Late Imperial China, 1000-1940*, ed. Patricia B. Ebrey and James L. Watson, pp. 16-61. Berkeley: University of California Press, 1986.

------. "Education Through Ritual: Efforts to Formulate Family Rituals During the Sung Period." in *Neo-Confucian Education: The*

Formative Stage, ed. Wm. Theodore de Bary and John Chaffee, pp. 277-306. Berkeley: University of California Press, 1989.

------. "Cremation in Sung China." *American Historical Review* 95, 1990, pp. 406-428.

------. *Confucianism and Family Rituals in Imperial China*. Princeton: Princeton University Press, 1991.

------. "The Response of the Sung State to Popular Funeral Practices." in *Religion and Society in Tang and Sung China*, ed. Patricia B. Ebrey and Peter N. Gregory, pp. 209-239. Honolulu: University of Hawaii Press, 1993.

Huang, Siu-Chi. "Chang Tsai's Concept of Chi." *Philosophy East and West* 18, no. 4, October 1968, pp. 247-260.

------. "The Moral Point of View of Chang Tsai." *Philosophy East and West* 21, no. 2, April 1971, pp. 141-156.

Jochim, Christian. "Naturalistic Ethics in a Chinese Context: Chang Tsai's Contribution." *Philosophy East and West* 31, no.2, April 1981, pp. 165-177.

Kasoff, Ira Ethan. *The Thought of Chang Tsai (1020-1077)*. Cambridge: Cambridge University Press, 1984.

後　記

此書是在我博士論文的基礎上略為修改而成。

這部論文，讓我真正體驗到「踏破鐵鞋無覓處，得來全不費工夫」的滋味。最初，我選擇張載為題，其中一項考慮便是張載著作不多，或許能以《正蒙》為主來開展論文。但很快地，隨著研究的進行，便發現我錯估了形勢。著作太少，其實為研究帶來很大困難，且《正蒙》並不如想像的能從整體上來理解，我的研究因而陷入苦境。一段不短的日子裏，我彷彿身處黑暗之中，徬徨焦急，夜不成眠。幸而，偶然間讀到菰口治先生《正蒙的構成與易說——其文獻學的考察》一文，提出《正蒙》與張載其他著作的關係，奇蹟似的使我在張載研究的迷霧中摸得一絲線索，由此萌生從文獻考察到義理探析這一想法。此外，我還受到朱伯崑先生《易學哲學史》的啟發：「當前講經學史的，不談其中的哲學問題；講哲學史的，不談其中的易學問題。就後一傾向說，由於脫離經學史，談歷代哲學思想，總有隔靴搔癢之感，不能揭示出其形成和發展的理論淵源。」朱先生此言，使我想到以經學與哲學兩種進路的並用，來研究張載學術。就這樣，從困境到光明，從模糊的想法到論文的成形，其間的辛苦自然不在話下，但靈感的獲得卻好似不費工夫一般，於是我對王國維言治學的三種境界，有了切身體會。特別感到欣慰的，是在文獻與義理結合的架構以及文獻方面，略有突破。至

於不足之處，主要是義理分析欠缺足夠深度，這雖可歸因於投入許多時間精力在文獻考訂上所導致，但學養未深才是實情，不必諱言。

此書的完成，衷心感謝導師孫欽善先生的督促指導，以及古文獻專業安平秋、楊忠、董洪利、高路明、王嵐、漆永祥、顧永新諸位老師的意見與鼓勵。感謝哲學系陳來老師的指正。感謝人民大學清史所黃愛平教授的批評。感謝西北師範大學喻博文、胡大浚教授的協助，喻博文教授惠贈大作《正蒙注譯》一書，為我論文的進行提供很大便利。此外，更感謝北大自由、勤勉、踏實的學風，這是我最感受益的。

願以此書作為我治學之路的起點。並以此書感謝家人的支持與容忍。